PETER GRÜNLICH

Das vorliegende Buch erscheint in folgenden Ausgaben:

Über die A40 geht's am schnellsten –
Was man im Pott nie sagen würde.
ISBN Print: 978-3-86883-492-5

Stuttgart 21 ist nicht zu teuer –
Was ein Schwabe nie sagen würde.
ISBN Print: 978-3-86883-489-5

Der Makler möchte auch sozial
Schwächeren eine Chance geben –
Was ein Münchner nie sagen würde.
ISBN Print: 978-3-86883-495-6

Guten Tag –
Was ein Bayer nie sagen würde.
ISBN Print: 978-3-86883-488-8

Die Baustelle ist bestimmt gleich wieder weg –
Was ein Berliner nie sagen würde.
ISBN Print: 978-3-86883-494-9

Unser Ziel ist der Klassenerhalt –
Was ein FC-Bayern-Fan nie sagen würde.
ISBN Print: 978-3-86883-496-3

Wo geht es denn hier bitte zum Dom? –
Was ein Kölner nie sagen würde.
ISBN Print: 978-3-86883-490-1

Diesen Stoff braucht ihr nie wieder im Leben –
Was ein Lehrer nie sagen würde.
ISBN Print: 978-3-86883-487-1

Da habe ich keine Ahnung, das kann nur
der Bundestrainer beurteilen –
Was ein Mann nie sagen würde.
ISBN Print: 978-3-86883-486-4

Zu welcher Gelegenheit soll ich denn
diese Tasche bitte tragen? –
Was eine Frau nie sagen würde.
ISBN Print: 978-3-86883-497-0

Ich hab Löwenbräu mitgebracht, weil
Astra alle war – Was ein Hamburger nie
sagen würde.
ISBN Print: 978-3-86883-493-2

Einen Krug voll Apfelwein, bitte sehr –
Was ein Hesse nie sagen würde.
ISBN Print: 978-3-86883-491-8

Wir freuen uns über jeden Deutschen,
der bei uns arbeitet – Was ein Schweizer
nie sagen würde.
ISBN Print: 978-3-86883-499-4

Bei uns auf der A2 gibt es nie Stau – Was
ein Niedersachse nie sagen würde.
ISBN Print: 978-3-86883-500-7

12 Punkte beim Eurovision Song Contest
gehen an Deutschland – Was ein
Österreicher nie sagen würde.
ISBN Print: 978-3-86883-498-7

riva

Bibliografische Information der Deutschen Nationalbibliothek:
Die Deutsche Nationalbibliothek verzeichnet diese Publikation in der Deutschen Nationalbibliografie; detaillierte bibliografische Daten sind im Internet über http://d-nb.de abrufbar.

Für Fragen und Anregungen:
seltenesaetze@rivaverlag.de

1. Auflage 2014

Nymphenburger Straße 86
D-80636 München
Tel.: 089 651285-0
Fax: 089 652096

Die Originalausgabe erschien 2013 unter dem Titel *Die Jeans ist nicht zu klein, dein Hintern ist einfach zu dick* bei Knaur Taschenbuch.

Umschlaggestaltung: Kristin Hoffmann
Umschlagabbildung: Shutterstock
Satz: Adobe InDesign, im Verlag
Druck: CPI books GmbH, Leck
Printed in Germany

Für die Katz

*Für den älteren Herren mit den aschblonden Haaren,
der neulich mal schräg gegenüber von mir in der U-Bahn saß*

Gewidmet dem Lebenswerk der Geissens

Über den Autor:
Peter Grünlich: 18 % langweiliger Job, 16 % unschönes Familienleben, 7 % Exzesse mit Kumpels, 3 % lustige Buchprojekte, 56 % ermüdende Schul- und Studienjahre. 73 % Sammeln von seltenen Sätzen. Das Ergebnis wird erstmals hier veröffentlicht.

Vorwort

Es wird so viel geredet. Oft interessiert aber gerade das, was nicht gesagt wird.

So wie bei Keith Richards, über den es heißt, das Besondere an ihm wären ausgerechnet die Töne, die er nicht spielt.

Es sind die Sätze, die nicht ausgesprochen werden, die so viel über uns sagen.

Die Modeverkäuferin, die nicht sagt: Das Kleid betont sehr schön Ihre Problemzonen.

Der Musikliebhaber, der nie sagen würde: Stell die Platte irgendwo wieder rein. Die sind nicht geordnet.

Touristen, die nicht mal zu denken wagen: Also, der Kaffee auf dem Markusplatz in Venedig war wirklich günstig.

Diese Sätze sind Perlen. Sie müssen gesammelt, zusammengetragen und ausgestellt werden. Mahnen sie uns doch daran, wie schnell wir vom trüben Strom des Mainstreams mitgerissen werden.

Herzlich willkommen in diesem leider in den Bücherregalen noch viel zu seltenen Buch.

237 Dinge

die garantiert keiner sagen würde – Von Prominenten und über Prominente

2 Dinge, die keiner über Arjen Robben sagen würde

Er müsste manchmal auch ein bisschen eigensinniger sein.
Es wäre toll, wenn er auch mal links vorbeidribbeln würde.

4 Dinge, die keiner über Albert von Monaco sagen würde

Auf mich wirkt der sehr heterosexuell.
Dieser leidenschaftliche Kuss, den er seiner glücklichen Frau gab, wow.
Er ist ein unglaublich talentierter Bobfahrer.
Sein Lockenkopf hat so etwas Animalisches.

3 Dinge, die Alfons Schubeck nicht sagen würde

Ich habe meine hocheffektive Diät an mir selber getestet.
Ich würde mein Gesicht nie für die Werbung für minderwertige Produkte hergeben.
Ich bin ziemlich kamerascheu.

Was Alice Cooper nicht sagen würde

Ich möchte mich in aller Form bei der Fledermaus entschuldigen.

3 Dinge, die keiner über Alice Schwarzer sagen würde

Die würde ich nicht von der Bettkante schubsen.
Die ist ein bisschen doof, aber sexy.
Ist das nicht die berühmte Tierschützerin?

3 Dinge, die André Rieu nicht sagen würde

Ich möchte mich bei allen Zuschauern für meine Frisur entschuldigen.
Ich geige so mittel.
Ich bitte jetzt den einzigen Herrn im Publikum zu gehen.

5 Dinge, die keiner über Barack Obama sagen würde

Der hat sich doch nur hochgeschlafen.
Er hat einfach nicht das Charisma von Angela Merkel.
Rhetorisch erinnert er an den frühen Edmund Stoiber.
Er hat nicht das Format von Westerwelle.
Seine Englischkenntnisse erinnern an Öttinger.

4 Dinge, die keiner über Barbara Schöneberger sagen würde

Ich glaube, die ist magersüchtig.
Die mit den Schlitzaugen?
Die sieht man ganz selten im Fernsehen.
Die bekommt den Mund nicht auf.

4 Dinge, die keiner über Ben Tewaag sagen würde

Durch sein Talent hat er alles erreicht. Da war seine prominente Mutter eher ein Hindernis.
Bei ihm sehe ich eine ganz große Zukunft.
Das ist doch dieser Nette?
Bei ihm entschuldigt seine Kindheit wirklich viel.

3 Dinge, die keiner über Bettina Wulff sagen würde

Christian Wulff hat sie nur ausgenutzt, um sich vor einer politischen Karriere zu drücken.
Hat die nicht früher mal ganz diskret im Geheimen als Fleischereifachverkäuferin gearbeitet?
Bei der könnte sich Michelle Obama mal ein Stück abschneiden.

2 Dinge, die Bill Clinton nicht sagen würde

Wenn ich mich richtig erinnere, hat sie mir einen geblasen.
Ich bin ein notorischer Lügner.

3 Dinge, die keiner über Boris Becker sagen würde

Der ist nach seiner Tenniskarriere noch mal so richtig durchgestartet.

Der ist nicht leicht zu haben. Das macht ihn für Frauen interessant.

Das Kind, das er mit der Russin in der Besenkammer gezeugt hat, könnte ja von jedem sein.

3 Dinge, die Bushido nicht sagen würde

Ich hab Angst, wenn mich meine Frau alleine in den Keller schickt, um Kartoffeln zu holen.

Hihi, er hat Glied gesagt.

Dürfte ich Sie bitten, dass Sie auf Ihr beleidigendes Gebaren verzichten und Ihr vulgäres Idiom mäßigen.

3 Dinge, die keiner über Bushido sagen würde

Man kann über seine Musik denken, was man will, aber er ist ein durchweg integrer Mensch.

Es hat den Bambi wirklich aufgewertet, dass ihn Superstars wie Bushido entgegengenommen haben.

Bushido zeigt einen Weg auf, wie Ausländer in Deutschland wertvolle Mitglieder der Gesellschaft werden können.

3 Dinge, die keiner über Campino sagen würde

Das ist doch dieser rockende Bayern-Fan, oder?
Der hat doch jetzt die Platte gemacht, auf der er alte Heino-Lieder nachsingt.
Ich könnte mich immer noch über den lustigsten Bandnamen der Welt totlachen!

4 Dinge, die keiner über Carsten Maschmeyer sagen würde

Man fragt sich immer wieder, warum so ein gutaussehender Mann mit einem Mauerblümchen wie der Veronika Ferres zusammen ist.
Er erinnert mich so an Tom Selleck.
Er hat einfach Stil.
Dem können Sie blind vertrauen.

4 Dinge, die keiner über Charlie Sheen sagen würde

Der muss auch endlich lernen, sein Leben ein bisschen lockerer zu sehen.
Mit dem wäre ich gerne verheiratet.
Two and a half men ist erst richtig gut geworden, seit er weg ist.
Sheen musste sich für seine Rolle in Two and a half men ziemlich verbiegen.

2 Dinge, die keiner über Cindy aus Marzahn sagen würde

Ich kann nicht über sie lachen, aber mir gefallen ihre Kleider.
Ist die wirklich aus Marzipan?

2 Dinge, die keiner über Costa Cordalis sagen würde

Er sieht durch die Schönheitsoperationen wirklich viel besser aus.
Wo bedient der noch mal gleich?

3 Dinge, die keiner über Cristiano Ronaldo sagen würde

Der macht keine große Show, der spielt einfach Fußball.
Der würde gut zum SC Freiburg oder zu St. Pauli passen.
Man muss kein Fußballfan sein, um den Typ richtig knorke zu finden.

4 Dinge, die David Hasselhoff nicht sagen würde

Ich habe den Zweiten Weltkrieg beendet.
Mein Leben als Asket war einfach und karg, aber gesund.
Mir ist wichtig, Rollen mit Tiefe zu spielen.
Eigentlich bin ich mehr auf der Theaterbühne zu Hause.

4 Dinge, die Dieter Bohlen nicht sagen würde

Das kann ich leider nicht beurteilen.
Du kannst, verglichen mit mir, wirklich gut singen.
Das Wort eines anderen Jurors hat ein bisschen mehr Gewicht als meines.
Thomas Anders war immer der Dominantere.

4 Dinge, die keiner über Dieter Bohlen sagen würde

Er hat sich sehr respektvoll verhalten.
Auch von dem anderen, der mit der Nora, hört man nur gutes über Bohlen.
Ein typisch bayerischer Lederhosen-Seppel.
Bei ihm ist doch jedes Wort nur von Gagschreibern geskripted.

Was keiner über Dirk Nowitzki sagen würde

Können Sie bitte mal zur Seite gehen, ich kann nichts sehen.

5 Dinge, die keiner über Donald Trump sagen würde

Man merkt seinen Reichtum an seinem formschönen Toupet.
Attraktiver Typ.
Wenn der Miss-Wahlen veranstaltet, hat er nur die Gerechtigkeit im Auge.
Für den würde ich auch gerne hart arbeiten.
Ist das nicht der Neffe von Dagobert Trump?

Was keiner über Donatella Versace sagen würde

Ich finde sie zeitlos schön.

3 Dinge, die Domian nicht sagen würde

Wen soll dein Schicksal bitte interessieren?
Sorry, was?
Hm. Gut. Schlimm. Aber dieses Messerset sollten Sie kaufen. Es schneidet wirklich einzigartig.

4 Dinge, die keiner über Domian sagen würde

Der ist doch auch nur so eine Modeerscheinung. Eine Eintagsfliege.
So ein verschlossener, verkorkster Typ.
Ich finde, er wirkt verschlagen.
Seine Sendung hat sehr gewonnen, seit sie in HD ausgestrahlt wird.

5 Dinge, die keiner über Dolly Buster sagen würde

Ich verehre Dolly Buster als Schauspielerin.
Ist das nicht das geklonte Schaf?
Viel bekannter ist sie unter ihrem echten Namen, Nora Baumbergerova.
Als Kunstmalerin ist sie eine Ikone!
Wie, die sind nicht echt?

3 Dinge, die keiner über Elton John sagen würde

Ich habe ein Elton-John-Poster an der Wand.
Wurde der nicht adoptiert?
Er erinnert sehr an den frühen Axl Rose.

3 Dinge, die keiner über Eminem sagen würde

Typisches amerikanisches Bonzenkind.
Seine Texte stimmen milde.
Er hat viel für seine homosexuelle Männerbewegung erreicht.

Was Ernst August von Hannover nicht sagen würde

Sie können mich Erni nennen. Oder Gustl. Wollen Sie ein Handybild von mir machen?

3 Dinge, die keiner über Ernst August von Hannover sagen würde

Für mich verkörpert kein Mensch das Ideal des kultivierten Aristokraten so sehr wie Ernst August von Hannover.
Ist das nicht der Schirmherr des türkischen Pavillons der Weltausstellung?
Können Sie mir bitte mal kurz fürs Foto Ihren Regenschirm öffnen?

5 Dinge, die Felix Baumgartner nicht sagen würde

Mir ist so schwindlig.

Das traue ich mich nicht.

Ich fürchte, mein Sprungrekord war ungültig. Ich glaube, ich habe übertreten.

Mit Marketing hatte das gar nichts zu tun.

Das Drei-Meter-Brett ist noch einigermaßen o.k., ab dann wird mir mulmig.

5 Dinge, die Felix Magath nicht sagen würde

Macht es euch gemütlich.

Ich möchte, dass meine Spieler glücklich sind.

Jeder Mensch braucht Liebe und Zuneigung. Auch Fußballprofis.

Körperliche Fitness der Spieler wird im Fußball überbewertet.

Wenn ich einmal bei einem Verein bin, bleibe ich dort für immer.

6 Dinge, die keiner über Florian Silbereisen sagen würde

Silbereisen sollte Wetten dass … moderieren.
Ich sehe Silbereisens schauspielerische Leistungen in einer Reihe mit Jack Nicholson, Al Pacino oder Dustin Hoffman.
Sein erstes Album Lustig samma ist klar inspiriert von Hendrix, Zappa und den Stones.
Rudi Carell würde sich im Grab wahnsinnig über Silbereisens Am laufenden Band freuen.
Der Mann hat im Leben noch keinen Fön gesehen.
Der ist doch in jeder Bravo auf dem Titel.

2 Dinge, die keiner über Franz Beckenbauer sagen würde

Ich finde, er sollte ein bisschen mehr in die Medien gehen. Er könnte ruhig auch mal Werbung machen.
Wer soll das sein?

Was Franz Beckenbauer nicht sagen würde

Ja, ist denn schon Ostern?

2 Dinge, die keiner über Frauke Ludowig sagen würde

Ohne sie gäbe es keinen ernsthaften Journalismus in Deutschland.
Der Domino Day wäre ohne Frauke Ludowig nicht das, was er heute ist.

4 Dinge, die keiner über George Clooney sagen würde

Der ist ganz und gar nicht mein Typ.
Ist das nicht der kleine, dicke Italiener?
Ist das nicht der Lover von Brat Pitt?
Allein seine Exfreundinnen: eine hässlicher als die andere.

Was Gloria Fürstin von Thurn und Taxis nicht sagen würde

Ich habe so eine komplexe und tiefgründige Einschätzung über die soziokulturellen Belange der afrikanischen Bevölkerung, dass ich diese nicht in ein paar wenigen Sätzen schildern kann.

3 Dinge, die keiner über Gloria Fürstin von Thurn und Taxis sagen würde

Sie ist das beste Beispiel dafür, dass Mitglieder eines alten Adelsgeschlechtes nicht auf den Kopf gefallen sein müssen.
Wenn jemand das Bundesverdienstkreuz am goldenen Bande verdient hat, dann Gloria von Thurn und Taxis.
Ihre Haarmode war stets vorbildlich.

3 Dinge, die keiner über Götz George sagen würde

Selten habe ich so einen unkomplizierten, netten Schauspieler getroffen.
Sein armer Vater ist nie aus dem Schatten seines berühmten Sohnes getreten.
Er spricht übertrieben deutlich.

3 Dinge, die keiner über Günter Grass sagen würde

Er hat mit seinem Israel-Gedicht wirklich viel für den Frieden in der Region getan.
Seine große Zeit fing eigentlich erst nach der Blechtrommel an.
Er hat sehr viel für die deutsche Bartkultur getan.

Was keiner über Gundula Gause sagen würde

Sie hat wirklich einen sehr modernen Namen.

Was Guido Westerwelle nicht sagen würde

Außenpolitisch finde ich Mahmud Ahmadinedschad nicht gut, aber meiner Meinung nach hat er einen sexy Hintern.

3 Dinge, die keiner über Guido Westerwelle sagen würde

Sicher hat der Außenminister internationale Staatschefs wie Barack Obama mit seinem Guidomobil schwer beeindruckt.

No one can reach his English the water.

Das deutsche Volk war sich selten über die Besetzung des Außenministeramtes so einig wie bei Westerwelle.

3 Dinge, die Heidi Klum nicht sagen würde

Mein Motto: Einfach mal die Fresse halten.

Du bist zu dünn für diesen Job.

Der Modeljob ist idiotisch einfach: Ein Stückchen Bühne entlanglaufen und dabei beleidigt gucken.

2 Dinge, die keiner über Heidi Klum sagen würde

Sie ist eine so natürliche und liebevolle Person, der ich meine Tochter sehr gerne anvertraue.

Sie hat mehr für die Emanzipation der Frau getan als Alice Schwarzer und Mutter Teresa zusammen.

2 Dinge, die H. P. Baxxter nicht sagen würde

Sehr verehrte Besucher und Partygäste, ich heiße Sie herzlich willkommen zu einer musikalischen Darbietung der Musikkapelle Scooter und möchte Ihnen die Gelegenheit bieten, dabei das Tanzbein zu schwingen.

Baxxter ist ein sehr alter, traditioneller Familienname aus Ostfriesland.

3 Dinge, die keiner über H.P. Baxxter sagen würde

Ich glaube, Xavier Naidoo schreibt für Scooter die Lyrics.

Er sollte Rhetorikkurse geben.

Ich finde, man kann in seinen Texten unheimlich viel zwischen den Zeilen lesen.

2 Dinge, die keiner über Harald Glööckler sagen würde

Ich wünsche mir, dass mein Sohn auch mal so aussieht, wenn er erwachsen ist.

Ich bin sehr neidisch, weil ich kein Doppel-ö in meinem Namen habe.

Was Helmut Berger nicht sagen würde

Ich hätte gerne ein Mineralwasser.

4 Dinge, die Heino nicht sagen würde

Ich habe keine Lust mehr auf Sonnenbrille.
Keine Ahnung, wie die ersten beiden Strophen der Nationalhymne gehen.
Ich würde gerne meinen Bambi an Bushido weitergeben.
Mein Vorbild ist Dieter Bohlen.

Was Jimmy Blue Ochsenknecht nicht sagen würde

Eigentlich sollte mein Bruder Wilson Gorgonzola heißen.

3 Dinge, die Joachim Löw nicht sagen würde

Ich wähle die Spieler nicht nur nach ihren spielerischen Fähigkeiten aus, sondern auch, ob wir kosmetisch harmonieren.
Lahm mag mich nicht.
Bierhoff wird Trauzeuge. Wenn Hansi einverstanden ist.

Was John F. Kennedy nicht sagen würde

Ich bin ein Bochumer.

4 Dinge, die Joko & Klaas nicht sagen würden

Nach reiflicher Überlegung, …
Klingt vernünftig, Joko!
Das machen wir lieber nicht.
… den sorgfältig recherchierten Beitrag …

5 Dinge, die Karl Lagerfeld nicht sagen würde

Ich stehe auf Ed Hardy.
Ich hätte gerne einen Döner mit scharf.
Mein Vorbild heißt Harald Glööckler.
Wo hab ich denn meine Brille hingelegt?
Ich freue mich auf ein gemeinsames Picknick mit Heidi, Seal und den Kindern.

5 Dinge, die Klaus Kinski nicht sagen würde

Jetzt sprechen Sie mal und ich sage nichts.
Da haben Sie recht.
Nein, mein Fehler.
Ich mag eher reifere Frauen.
Bitte keine Schimpfwörter.

Was Karl-Theodor zu Guttenberg nicht sagen würde

Hier spricht Dr. Karl-Theodor zu Guttenberg.

3 Dinge, die Katharina Saalfrank nicht sagen würde

Kindchen, wenn du jetzt nicht gleich still bist, dann haue ich dir eine in die Fresse.

Sie können nichts dafür, Ihr Kind ist einfach bescheuert.

Es ist wunderbar, dass Ihr Kind in so einer geschmackvollen Umgebung aufwachsen darf.

Was keiner über Katja Riemann sagen würde

Selten habe ich so eine rücksichtsvolle und liebenswerte Interviewpartnerin gehabt.

5 Dinge, die Königin Elisabeth II. nicht sagen würde

Bitte verzeihen Sie, ich musste furzen.

Das Essen schmeckt beschissen.

Ich bin heute schon den ganzen Tag so horny.

Ich glaube, ich hab einen in der Krone.

Philip, nimm mich jetzt wie einen räudiger Hund.

Was keiner über Liliana Matthäus sagen würde

Ist das nicht die berühmte Schauspielerin, mit der mal dieser eigenartige Fußballer verheiratet war?

Was keiner zu Lilo Wanders sagen würde

Wie geht es Ihnen, Herr Wanders?

Was Lothar Matthäus nicht sagen würde

Dazu möchte ich mich lieber nicht äußern.

Was keiner über Lothar Matthäus sagen würde

Der hat auch erst nach seiner aktiven Laufbahn als Fußballer seine größten Erfolge erreicht.

4 Dinge, die keiner über Madonna sagen würde

Sie mag reifere Männer. Und achtet wenig auf deren Äußeres.
Ich glaube, sie hat Britney Spears geküsst, weil sie sie liebhat.
Madonna – war das nicht ein dicker argentinischer Nationalspieler?
Die lässt sich ein bisschen hängen.

4 Dinge, die keiner über Maria Furtwängler sagen würde

In der Liebe ging es ihr nie um Status und Reichtum.
Die Bunte berichtet wirklich sehr kritisch über Frau Furtwängler.
Immerhin sprechen wir hier über die Preisträgerin des Goldenen Wuschel von Brisant.
Von Frau Dr. Furtwängler würde ich mich sofort operieren lassen.

3 Dinge, die Martin Semmelrogge nicht sagen würde

Ist das denn überhaupt legal?
Ich würde gerne mal die Rolle eines Fieslings mit sägender Stimme spielen.
Ich fahre.

2 Dinge, die Micaela Schäfer nicht sagen würde

Ich glaub, ich hab mich zu warm angezogen.
Das ist mir peinlich.

3 Dinge, die keiner über Micaela Schäfer sagen würde

Wenn meine Tochter mal groß ist, soll sie auch so sein wie Micaela Schäfer.
Die geht voll über den Intellekt.
Sie ist ein weiblicher Harald Schmidt.

2 Dinge, die keiner über Nadja Abd el Farrag sagen würde

Nur wenige Menschen sind fähig, ihre Würde in vollem Umfang zu behalten, wenn sie sich gerade von geilen Japanern ihre linke Brust wiegen lassen.

Sie hat Dieter Bohlen nicht gebraucht für ihre Weltkarriere als DJane.

4 Dinge, die Oliver Kahn nicht sagen würde

Ich bin so entspannt.

Ist doch egal, wer gewinnt. Hauptsache, wir haben Spaß.

Ich werde oft auf meine formschöne Frisur angesprochen.

Ich bin so unentschieden.

3 Dinge, die keiner über den Papst sagen würde

Der Papst ist auch als Mann interessant.

Für offizielle Dart-, Snooker- und Bocciaturniere ist der Papst aus Gründen der Fairness wegen seiner Unfehlbarkeit dauerhaft gesperrt.

Wie geht's eigentlich dem anderen Papst?

Was Paolo Coelho nicht sagen würde

Ich wollte durch meine Bücher eigentlich nur auf ironische Weise gegen die Verkitschung der Gesellschaft demonstrieren.

3 Dinge, die Philip Lahm nicht sagen würde

Bei den nächsten Gegnern brauchen wir uns nicht zu konzentrieren. Die sind so schlecht, die kann man gar nicht unterschätzen.

Die Niederlage geht klar auf die Kappe von Jogi Löw. Er hatte die falsche Taktik.

Bariton, warum?

Was keiner über Sarah Connor sagen würde

Selten hat jemand die deutsche Nationalhymne so modern und gesellschaftskritisch interpretiert.

3 Dinge, die keiner über Silvio Berlusconi sagen würde

Berlusconi gilt eigentlich als unbestechlich.

Er verkörpert die Demokratie und die Seriosität des Präsidialamts wie kein anderer.

Berlusconi. Das ist Italien!

Was keiner über Stephen Hawking sagen würde

Stephen ist ein mittelmäßiger Astrophysiker, aber ein großartiger Liebhaber.

2 Dinge, die keiner zu Udo Lindenberg sagen würde

Sie haben Ihren Hut vergessen, Herr Lindenberg.
So beruhigen Sie sich doch, Herr Lindenberg.

Was keiner über Udo Lindenberg sagen würde

Wohnt der nicht noch bei seiner Mutter?

3 Dinge, die Uli Hoeneß nicht sagen würde

Ich möchte mich in Zukunft in erster Linie um die Gefängnismannschaft kümmern.
Breno ist mein Vorbild.
Ich bin steuersüchtig.

2 Dinge, die keiner zu Uli Hoeneß sagen würde

Diese Summe wird Ihnen somit als Steuerrückzahlung gutgeschrieben.
Stimmt was nicht? Sie sind so blass.

3 Dinge, die keiner über Verona Pooth sagen würde

Die spielt in der Werbung immer nur das Dummchen, in Wirklichkeit ist sie noch viel blöder.

Ich glaube, sie ist noch viel dämlicher, als sie tut.

Sie hat so einen sympathischen Mann.

2352 Dinge

die garantiert keiner sagen würde – Von Adligen bis Zombies

7 Dinge, die Adlige nicht sagen würden

Mist. Mir fällt gerade mein achter Vorname nicht mehr ein.
Wir haben so ein Glück mit unserem Personal.
Wir haben unsere Kinder Cindy und Erwin genannt.
Was wären wir ohne Paparazzi und Yellow Press?
Adoption ist ein gutes Mittel, um einen Titel ohne ungeschützten Sex weiterzugeben.
Den Titel Graf musste man sich seit jeher schwer verdienen.
Als mein Vater seine Schwester kennenlernte, war er sofort verliebt.

3 Dinge, die keine Aldi-Kassiererin sagen würde

Ich arbeite noch nebenbei als Model.
Können Sie bitte die Ware ein wenig langsamer aufs Band legen, ich komme nicht nach.
Das ist Ambiance, die neue Wohlfühlecke in unserer Filiale.

6 Dinge, die Altnazis nicht sagen würden

Scheiß Autobahnen.
… und dann hat Gott sei Dank der Russe eingegriffen.
Er wäre so schön gewesen, wenn er zu seiner Homosexualität hätte stehen können.
Man kann sagen über ihn, was man will, aber seine Stimme war nervig.
Er hätte an sich einen ruhigen Charakter gehabt, er wurde einfach viel zu früh abgestillt.
Hitler hatte deutliche Defizite im Strecksprung.

11 Dinge, die man nicht über dieses Buch sagen würde

Für dieses Buch lohnt sich der Tod eines jeden einzelnen Baumes doppelt und dreifach.
Besser als mit diesem Buch könnte ich meine Zeit nicht nutzen.
Ein literarisches Meisterwerk – auch und vor allem durch die liebevoll ausgearbeiteten Charaktere der Hauptfiguren.
Grünlich ist der neue Hemingway.
Meine Frau hat sich jetzt ein Exemplar nur für sich gekauft.
Wahrer als die Bibel, spannender als Es und abgefahrener als Ulysses.
Am lustigsten ist das Vorwort von Eckart von Hirschhausen.
Das kann man hervorragend mit Veronika Ferres verfilmen.
Shades of Grey ist verklemmt dagegen.
Das sollten wir als Pflichtlektüre im Deutschunterricht einführen.
Ein gutes Buch, aber für mich zu anspruchsvoll.

7 Dinge, die Besucher deutscher Ämter nicht sagen würden

Bin ich schon dran?
Wie hübsch Sie es hier haben.
Extrem effiziente Teamarbeit liegt hier in der Luft.
Da möchte ich nicht tauschen: dieser Stress den ganzen Tag. Dann die miserablen Pensionsaussichten und diese permanente Unsicherheit.
Haben Sie wirklich so lange offen?
Ach, die Unterlagen hätte ich gar nicht gebraucht?
Habe ich jetzt etwa eine Nummer mit Ihnen gezogen?

7 Dinge, die kein Aquariumsbesitzer sagen würde

Bei Fremden sind sie immer etwas scheu.

Willst du sie mal streicheln?

Das ist Bello, das ist Kira, der Rote da hinten heißt Cyrano und das hier ist Nemo.

Sitz!

Das sind ganz kinderliebe Familienfische.

Der Rote ist mir schon zwei Mal abgehauen.

Und dann hat er plötzlich angegriffen!

6 Dinge, die kein Arzt sagen würde

Da kommen Sie doch bitte gleich in diesem Quartal noch mal, da ist mir mein Budget ganz egal.

Diese Untersuchung mache ich jetzt nur, weil ich dafür Geld abrechnen kann.

Machen Sie sich bitte mal frei, ich würde mir nur gerne Ihren Busen anschauen.

Heute Abend habe ich meinen Pharmaberater zum Essen eingeladen.

In Schönschreiben war ich schon immer gut.

Wenn Sie Ihren Termin haben, warte ich natürlich bereits pünktlich auf Sie. Warum habe ich denn sonst ein Wartezimmer?

4 Dinge, die kein Agent sagen würde

Ich bin Agent, lassen Sie mich bitte durch.
Können Sie mir mal ein Geheimnis verraten?
Wir planen einen Krieg. Aber psssst.
Löcher in Zeitungen sind eine hervorragende Tarnung.

4 Dinge, die kein Akademiker sagen würde

Hey, komm mal her und verpiss dich.
Deine Mudda is so fett, die verkauft am Strand Schatten.
Wie schreibt man eigentlich Mond?
Wenn Chuck Norris ins Wasser fällt, wird er nicht nass. Aber das Wasser wird Chuck Norris.

4 Dinge, die kein Alkoholiker sagen würde

Ich bin Alkoholiker.
Ich saufe sogar mein Rasierwasser, wenn es nicht anders geht.
Guten Tag, ich habe getrunken und würde gerne meinen Führerschein bei Ihnen abgeben.
Natürlich bin ich betrunken. Ich bin schließlich Alkoholiker.

3 Dinge, die kein Alleinunterhalter sagen würde

Konzentrier dich, die Gitarre hat schon wieder den Einsatz verpasst!
Welcome Hamburg. Great to be here.
Sorry, aber ich steige aus der Band aus.

Was kein Katzenallergiker sagen würde

Miez, miez, miez …

10 Dinge, die Amerikaner nicht sagen würden

Da mischen wir uns mal lieber nicht ein.
Ich interessiere mich für europäische Geschichte.
Die Stadt ist berühmt für ihre Wander- und Radwege.
Ich fahre mit den öffentlichen Verkehrsmitteln ins Büro.
Eigentlich bin ich Kellnerin und bin nach Hollywood gekommen, um auch als solche zu arbeiten.
Ich empfange nur drei Fernsehsender, was völlig ausreicht, da ich eh nie glotze.
Sie gehen zu einem Psychoanalytiker? Echt jetzt?
Ich esse nichts Aufgewärmtes vom Vortag oder aus dem Restaurant.
Europa erscheint mir so mächtig!
Deutschland wird von Angela Merkel regiert und Adolf Hitler ist seit über 50 Jahren tot.

7 Dinge, die kein Angler sagen würde

Ich kann einfach meinen Mund nicht halten.

Egal, welchen Köder. Halt einfach die Angel rein. Entweder sie beißen oder eben nicht.

Ich liebe die Action und die extreme Anspannung beim Angeln.

Meine Kleidung muss beim Angeln vor allem den ästhetischen Ansprüchen meiner Frau genügen.

Angeln sollte in Deutschland für jeden und überall erlaubt sein.

Ich spreche nur äußerst ungern mit Vereinskollegen über unser gemeinsames Hobby.

Der Fisch, den ich beim Hochseefischen in Florida rausgeholt habe, war noch so klein.

7 Dinge, die kein Animateur sagen würde

Hat jemand Interesse an einem kulturkritischen Diskurs am Pool?

Möchtest du mich heiraten?

Ich mache das hier nur als Teil meiner Karrierepläne.

Ich wusste schon immer genau, wo es langgeht.

Ich kann ohne Regen, feste Regeln und einen Schreibtisch nicht leben.

Deutschland ist mein Traumland.

Ihh, Sand!

8 Dinge, die kein Anwalt sagen würde

Mit der Nummer kommen wir niemals durch.
Wenn wir den Prozess verlieren, dann gehen wir bis nach Bielefeld.
Deswegen hätten Sie aber jetzt nicht gleich zu mir kommen müssen!
Sie sind aber auch ein Depp. Ihre Frau hat völlig recht.
Das 2. Staatsexamen war echt ein Witz.
Mein Mandant, der Angeklagte, war müde, völlig überdreht und hatte wohl auch ein bisschen viel Süßigkeiten gegessen.
Das macht der sonst nie.
Deswegen müssen Sie jetzt doch nicht so einen Aufstand machen. Reicht euch die Hände und gut!

6 Dinge, die kein Apotheker sagen würde

Es gibt leider nichts, was gegen Grippe hilft.
Das kriegen Sie von mir auch ohne Rezept, ich bin da nicht so.
Ich bin weit und breit der Einzige, der die Schrift von Dr. Müller nicht entziffern kann.
Keine Ahnung, ich muss den Beipackzettel auch erst lesen.
Wenn Sie ein Päckchen Taschentücher brauchen, dann kaufen Sie sich doch einfach eins.
Überraschen Sie mich!

8 Dinge, die Araber nicht sagen würden

Das Tuch ist drei Euro wert, aber es wäre nett, wenn Sie 35 Euro dafür bezahlen würden und wir uns das zeitraubende Handeln sparen könnten.
Prost.
Ich mag Israel.
Ich mag Amerika.
Ich mag Emanzen.
Kaufen Sie lieber keinen Teppich bei meinem Onkel.
Wir sehen Gäste in unserer Familie nicht so gerne.
Gefällt dir eigentlich meine Schwester?

7 Dinge, die kein Arbeitskollege sagen würde

Ich habe mich hochgeschlafen.
Ich hab den letzten Kaffee getrunken und möchte gerne einen neuen aufsetzen.
Ich war heute den ganzen Tag nur in Facebook.
Nimm doch du dir am Brückentag frei. So viele Tage Urlaub hintereinander bringen mich durcheinander.
Wie gut, dass unser Chef nicht auf mich hört.
Ich lasse den Kopierer immer mit der Einstellung 99 Kopien, doppelte Vergrößerung, DIN A3 zurück.
Ich bin übrigens derjenige, der immer was vom Snack Bär nimmt, ohne zu bezahlen.

4 Dinge, die kein Arbeitsloser sagen würde

Die Angebote der Arbeitsagentur sind gar nicht übel.
Ich arbeite einfach nicht so gerne.
Ich habe schon über hundert Bewerbungen geschrieben. Eine peinlicher als die andere.
Die Weiterbildung mit anderen Arbeitslosen hat mir karrieremäßig einen richtigen Kick gegeben.

6 Dinge, die kein Archäologe sagen würde

Das sind nur olle Scherben.
Nimm halt gleich die große Schaufel.
Ich finde, ein neuer Radweg ist für die Allgemeinheit wichtiger als unser Keltenkrempel.
Ich könnte mir mal Khakihosen kaufen.
Indiana wer?
Ich mache in den Ferien eine Studienreise in die USA.

6 Dinge, die kein Architekt sagen würde

Das Haus wird deutlich günstiger als in meiner Planung.
Baurechtlich gibt es da keinerlei Vorschriften.
Der Pfusch geht auf meine Kappe.
Ich orientiere mich stilistisch am Sozialwohnungsbau der siebziger Jahre.
Nein, der Handwerker kann da nichts dafür. Das habe ich blöd geplant.
Hach, man baut so oft im Leben. Da ist doch der Komfort des Hauses zweitrangig.

3 Dinge, die kein Astrologe sagen würde

Die Venus steht im Zeichen des Mars. Keine Ahnung, was das bedeutet.
Eventuell hilft Ihnen das: Alle anderen Menschen mit Ihrem Sternzeichen sind auch Vollpfosten.
Als Löwe finden Sie eigentlich gar keine Frau, die zu Ihnen passt.

5 Dinge, die kein Astronaut sagen würde

Armstrong war der erste Mann mit einer Trompete.
Sieht ganz schön öd aus hier im All.
Die Idee, dass ich als Erster auf dem Mond landen könnte, kam meiner Frau während eines Streits.
Fahr mal bitte langsamer, mir ist so schwindlig.
Ich wollte eigentlich Pilot werden, aber ich hatte zu gute Augen.

7 Dinge, die Außerirdische nicht sagen würden

Ich bin grün.
Wir sind nur Männchen.
Die Untertasse ist die einzig denkbare Form für Weltraumfahrzeuge.
Sprechen Sie Deutsch?
Wir haben die interessanten Nachrichten gehört, die Sie seit Jahrzehnten ins All senden, und haben uns gedacht, wir schauen mal auf einen Kaffee vorbei.
Wir möchten ausdrücklich dagegen demonstrieren, dass Außerirdische als Aliens verunglimpft werden.
Ich will telefonieren nach Hause.

15 Dinge, die kein Autofahrer sagen würde

Der Herr mit dem Hut vor uns fährt wirklich zügig, aber sicher.
Ich respektiere Fahrer, die dauernd auf der mittleren Spur fahren, weil das bestimmt sehr entspannend sein muss.
Ich freue mich immer, wenn Holländer in den Urlaub fahren.
BMW-Fahrer fahren wirklich überaus respektvoll.
Hoffentlich biegt der vor mir gleich links ab.
Endlich mehr los auf der Autobahn.
Ich hatte vier Bier und drei Schnaps, Herr Wachtmeister.
Roter wird's nicht.
Können Sie kurz mein Bier halten, Herr Polizist?
Tut mir leid, mein Radarwarner ist kaputt gegangen.
Bist du nicht einer von den Village People?
Ich wollte eigentlich auch Polizist werden, habe mich dann aber nach dem Abitur für eine vernünftige Ausbildung entschieden.
Das ist sehr nett, Herr Wachtmeister. Ihr Kollege hat es vorhin auch bei einer Verwarnung belassen.
Wie lange wird es dauern, Herr Kommissar? Ihre Frau erwartet mich.
Danke, Herr Wachtmeister. Diesen Strafzettel habe ich wirklich verdient.

4 Dinge, die Australier nicht sagen würden

Bitte kein Bier mehr.
Wir kommen nur wegen der Barockkirchen in die Stadt.
Wer ist AC/DC?
Die Spinne ist bestimmt nicht giftig.

4 Dinge, die kein Baby sagen würde

Ich schreie gerade, weil ich ein leichtes Drücken in der Nierengegend habe.
Ich lache nicht, ich übe Gesichtsausdrücke.
Glglguu heißt glglguu. Nicht mehr, aber auch nicht weniger.
Ja. Alles an mir ist klein. Was habt ihr erwartet?

6 Dinge, die kein Bademeister sagen würde

Spring doch, ich hab nichts gesehen.
Lass liegen, ich heb das nach Feierabend auf.
So, Jungs, ich hör nix, geht das ein bisschen engagierter?
Dann habe ich, also nach dem Abitur …
Kurz vor meiner Schicht ziehe ich meinen Ehering an.
Ich spring da nicht runter, ich bin doch nicht verrückt!

6 Dinge, die kein Bäcker sagen würde

Ich bleib noch ein bisschen und tanze noch weiter.
Das von Ihnen gewünschte Brot ist noch verfügbar.
Wir verzichten kategorisch auf alberne Brotnamen.
Ausschlafen gehört seit Generationen dazu.
Wir haben unsere Preise schon seit 15 Jahren nicht mehr erhöht.
Gegen die großen Ketten wie Becks und Kamps kommt man locker an.

7 Dinge, die kein Bahnschaffner sagen würde

Wir erreichen unser Ziel bereits 23 Minuten vor der planmäßigen Ankunft.

Wenn Ihnen an Ihrer Gesundheit etwas liegt, dann meiden Sie unser Bordrestaurant.

I speak oxford english. Fluently.

Nehmen Sie einfach da Platz, wo frei ist.

Sie haben Ihr Ticket vergessen? Das glaube ich Ihnen gern, fahren Sie einfach weiter.

Ich werde oft von Frauen wegen meiner scharfen Uniform angebaggert.

Der Zug fährt auf dem vorher angekündigten Gleis sowohl ein als auch ab.

6 Dinge, die Bankkaufleute nicht sagen würden

Mit diesem Fonds verdienen wir am meisten. Ob Sie Geld damit verdienen, kann ich jetzt noch nicht sagen.

Wenn Sie einen Kredit wirklich brauchen, dann kriegen Sie ihn von uns bestimmt nicht.

Sicher hätte es den Anzug auch in meiner Größe gegeben. Aber unsere Corporate-Identity-Vorschriften erlauben das nicht.

Nennen Sie mich ruhig ein Arschloch, das stimmt ja auch so.

Vom Azubi bis zum Ackermann – wir sind alle schuld an der Krise.

Ihre PIN-Nummer kann ich Ihnen gerne sagen.

6 Dinge, die kein Barkeeper sagen würde

Geh lieber heim, Alkohol ist schlecht für die Haut.
Ich bin verheiratet.
Kannst du mir ein paar Tipps geben, wie ich den Cocktail noch besser machen kann?
Erzähl das deinem Friseur.
Bleiben Sie doch noch ein bisschen und sehen mir beim Saubermachen zu.
Am liebsten ist es mir, wenn ich die ganzen Getränke nachfüllen kann.

4 Dinge, die kein Bauarbeiter sagen würde

Ich kann nicht pfeifen.
Sorry, junge Frau, nette Einladung, aber ich bin schwul.
Aus unserem Baucontainer hat jemand das Plakat mit den spielenden Kätzchen geklaut!
Mittags brauche ich mein Sushi und einen Grüntee.

7 Dinge, die kein Bauer sagen würde

Ich kann mich vor Weibern kaum retten hier auf dem Lande.
Da kann ich nicht, da hab ich meinen Termin zur Pediküre.
Wir haben nur unglückliche Tiere bei uns auf dem Hof.
Ich habe schon immer die Grünen gewählt.
Ich bin von den vielen EU-Subventionen satt und faul geworden.
Beim Flirten mache ich viel über mein Aussehen und meine flotten Sprüche.
Hoffentlich wird mein Acker niemals Bauland!

7 Dinge, die kein Baumarktmitarbeiter sagen würde

Hier bin ich zuständig.
Kann ich Ihnen helfen?
Natürlich habe ich den Schlüssel für die Unkrautpestizid-Vitrine.
Das haben wir bestimmt noch im Lager. Ich hole es gleich.
Ich vertraue Ihnen. Da brauchen Sie keinen Kassenbon.
Der Kollege schneidet Ihnen das sofort zu.
Warten Sie, wir machen schnell noch ein paar Kassen auf.

32 Dinge, die Bayern nicht sagen würden

Ich wähle SPD.
Ich hätte gerne ein Brötchen.
Guten Tag.
Ich schaffe einen ganzen Liter aber nicht.
Das ist meine Trachtenhose.
Hallöchen.
Mercedes. Was sonst?
Ich hätte gerne einen Kloß mit Soße.
Sind Sie Preuße?
Ja, Himmelherrgott-Kreitzkrutzifitti!
Dieser blau-weiße Himmel!
Die ist ja voller Flecken! Wäscht man Lederhosen wohl auf links?
Mir san wie alle.
Stößchen, Jungs!
Zur Haxn schmeckt ein kühles Wasser immer noch am besten.
Bestellst du dir einen halben Liter Bier für dich ganz allein?
Pilze suchen? Folgen Sie mir.
Mein Urgroßvater, mein Großvater, mein Vater, ich: wir heißen alle Justin.
32-16-8 soll wessen Nummer sein?
Ich kenn den Text nicht von »Fürstenfeld«.
Kartoffelpuffer. Kross! Lecker.
Willst Du eine große Backpfeife von mir?
Heute Abend gibt's Weißwürste.
Meine Marke ist Beck's Lemon.
Ein Dirndl ist hochgeschlossen am hübschesten.
Ah, frische Schrippen!
Tschüssi!

Dieses Jahr stellen wir den Maibaum einfach mit dem Kran auf.
Dieses Jahr fahren wir an die Mecklenburger Seenplatte.
Die Biermösl Blosn ist eine Geschlechtskrankheit.
Georg Ringsgwandl ist gelernter Kfz-Mechatroniker.
Hans Söllner befürwortet öffentlich den Alkohol.

8 Dinge, die kein Beamter sagen würde

Da kümmere ich mich drum.
Bei den Öffnungszeiten sind wir ganz flexibel.
Das kriegen wir auch ohne das Formular hin.
Ich hätte schon vor drei Jahren in Rente gehen können.
Hier ist der Kunde König.
Ich muss mich richtig anstrengen, sonst bekomme ich Druck vom Chef.
… schließlich wollen wir ja was von Ihnen.
Das kostet gar nichts.

5 Dinge, die keine Bedienung sagen würde

Ich muss noch nicht abkassieren, weil wir keinen Schichtwechsel haben.
Die Küche hat noch lange auf.
Davon würde ich Ihnen abraten, das schmeckt grässlich.
Ich hab schon mal Ihre Getränke dabei.
Warte, ich zieh nur schnell meine Schürze aus, dann komm ich mit zu dir nach Hause.

37 Dinge, die Bayern-Fans nicht sagen würden

Tolle Band, diese Toten Hosen.

Ich würde mich freuen, wenn Lothar Matthäus endlich Trainer bei uns wird.

Für mich ist Christian Nerlinger der Architekt des großen Erfolgs.

Ich denke so gerne an die Saison unter Klinsi zurück.

Unser Ziel ist der Klassenerhalt.

Für Hoeneß als Amtsträger bei den Bayern fehlt mir jegliches Verständnis.

So. Jetzt mal Butter bei die Fische!

Tschö mit ö.

40 Millionen ist kein Spieler der Welt wert.

Pfui, Bierdusche!

Die 9:2 gegen HSV waren unverdient. Die Hamburger waren die bessere Mannschaft.

Nächstes Jahr geht es wieder um den Klassenerhalt.

Unter Klinsi waren wir besser.

…wobei ich alternativ auch für den BVB bin.

Hey, hier kommt Alex …!

Nimm dir mal die 60er als Vorbild.

Dieser gekünstelte Müller immer.

Wann bringen die Toten Hosen endlich ein neues Album raus?

Worauf bezieht sich eigentlich Triple?

Mehmet Scholl ist doof.

Rot ist die Farbe der Spanier, oder?

Pep ist doch das Einkaufscenter in Neuperlach.

Über meiner Couch hängt ein Plakat von Kevin Großkreuz.

… aber die tragen doch Hosen aus Stoff?

Gott sei Dank: wieder Marcel Reif!

Ist mit FCB jetzt Barcelona gemeint oder wir?
Diese Pöhler-Kappen sind cool.
Willkommen in der Arroganz-Arena.
Ich liebe die tiefe Stimme von Phillip Lahm.
Shaqiri ist doch diese R&B-Sängerin.
Unser Vorstand hat eine blütenweiße Weste. Jeder einzelne.
Gut, dieses Jahr war kein Titel drin. Aber es war eine schöne Saison.
Die Bayern sind eben die Underdogs im Deutschen Fußball.
Matthias Sammer sieht keinesfalls aus wie ein Psychopath.
Der Buschmann gehört in den Vorstand.
Dante ist der Vereins-Miesepeter.
Einen Frank Ribery wünscht man sich als Schwiegersohn.

5 Dinge, die keine Beifahrerin sagen würde

Fahr doch mal so schnell, wie es geht!
Fahr durch, ich muss nicht aufs Klo.
Rutsch rüber, ich park den für dich ein.
Den überholst du noch locker, Schisser.
Du sagst bitte, wenn ich dir sagen soll, was ich gerade sehe: eine Ampel auf Rot, einen Fußgänger. Ansonsten sitze ich einfach ruhig hier neben dir.

31 Dinge, die kein Berliner sagen würde

Nie mehr zweite Liga.
Ich würde gerne mal einen Schwaben kennenlernen.
Ich bin heute auf der Meisterfeier.
Die Baustelle ist bestimmt gleich wieder weg.
Ich nehme den Stadtring. Da ist nie Stau.
Ich bin kein DJ.
Am schönsten kann man Silvester am Brandenburger Tor feiern.
Haben Sie auch schwarzen, amerikanischen Kaffee?
Lass uns in den coolen Club von Berlin Tag & Nacht gehen.
Yippie. Endlich ist die neue Ausgabe von Motz da.
Sorry, ich muss los. Ich muss morgen früh raus.
Boah, der Döner in München ist aber groß und günstig.
Als was gehst du dieses Jahr im Fasching?
Berlin wird irgendwie immer undergroundiger.
Also mein Taxifahrer war wieder so charmant.
Auf die S-Bahn ist einfach immer Verlass.
Ich verdiene schon verdammt gut.
Eine Maß bitte.
Der nette Busfahrer hat extra für mich noch mal die Tür aufgemacht.
Lass uns nach Brandenburg so richtig amtlich feiern gehen.
Ich steh total auf Sportfreunde Stiller.
Vier Semmeln, bitte.
Erstaunlich, wie wenig Hundekot auf den Gehsteigen ist.
Der M29 ist gleich da.
Was? Der amerikanische Präsident ist da? Das hab ich gar nicht mitbekommen.

Verzeihen Sie, würden Sie bitte so zauberhaft sein und mich kurz vorbeilassen?
Wir sollten lieber abhauen. Der Club macht gleich zu.
Lang lebe der FC Bayern München.
Ich kenne keinen einzigen Veganer.
Ich freue mich immer tierisch über die U-Bahn-Musikanten.
Echt, morgen eröffnet der Flughafen schon?

4 Dinge, die Betriebsräte nicht sagen würden

Den Meier können wir ruhig rauswerfen.
Ich muss den Posten als Betriebsrat leider ablehnen, da mir meine eigentliche Arbeit wichtiger ist.
Da steht für mich nur die Rendite des Unternehmens im Mittelpunkt.
Wir behalten lieber unsere besten Leute als alte, faule Säcke, die wegen der Sozialauswahl blieben.

4 Dinge, die kein BMW-Fahrer sagen würde

Die Hi-Fi-Anlage ist mir nicht so wichtig.
Es hätte auch ein Auto jeder anderen Marke sein können.
Ich respektiere grundsätzlich die Richtgeschwindigkeit.
Mein nächstes Auto wird wohl ein Fiat.

6 Dinge, die kein Boxer sagen würde

Ich werde wohl verlieren.

Aua!

Wenn das so ist, trete ich lieber nicht gegen Sie an und suche mir schleunigst einen Gegner, dem ich gewachsen bin.

Don wer …?

So ein Kampf macht erst richtig Spaß, wenn der Ausgang ausgedealt wurde.

Ich habe meinen Gegner voll in mein ausgestrecktes Nasenbein laufen lassen.

5 Dinge, die kein Buchhändler sagen würde

Ich kann Ihnen das Buch von Peter Grünlich sehr empfehlen.

Ich würde gerne drei Paletten von Seltenen Sätzen fürs Zentrallager bestellen.

Ich bin immer für Experimente offen. Das müssen keine bekannten Autoren sein.

Pfff. Fragen Sie mich was Leichteres. Ich komme so gut wie nie zum Lesen. Außer natürlich Hera Lind und die Bücher von Peter Grünlich.

Ich hätte so gerne eine Lesung von Peter Grünlich, aber ich habe Angst, dass die Massen meine Buchhandlung verwüsten.

22 Dinge, die Betrunkene nicht sagen würden

Ahh. Jetzt noch schön die Zähne putzen und dann ins Bett.

Ich bin so froh, dass ich noch nie spätnachts und betrunken meiner Ex eine SMS geschickt habe.

Ich werde besser mal nicht mit dem Glas in meiner Hand tanzen, weil ich sonst etwas verschütten könnte.

So spät könnte ich auf keinen Fall noch einen Burger verdrücken.

Ich habe schon etwas Alkohol getrunken, es ist wohl besser, wenn ich jetzt kein Gras rauche.

Bevor wir das Taxi nehmen, sollten wir noch ein Glas Wasser trinken, um wieder nüchtern zu werden.

Nüchtern fand ich dich sehr sexy, aber jetzt gefällst du mir nicht mehr so gut.

Diesen Gedanken lasse ich lieber unausgesprochen.

Ich freu mich schon auf morgen früh.

Wir sollten lieber leise sein, denn die Leute in den Wohnungen um uns herum schlafen bestimmt bereits.

Ich trinke diesen Shot nicht, bevor ich weiß, was drin ist.

Ich werde heute Abend lieber kein Geld mehr ausgeben.

Wir sollten den Einkaufswagen lieber hier stehen lassen.

Wo ist denn der Papierkorb? Ich würde gerne meine Bierdose entsorgen.

Ich interessiere mich so für ihre Persönlichkeit.

Die Blondine ist definitiv nicht in meiner Liga.

Bevor ich mich übergeben habe, ging es mir noch viel besser.

Meine Eltern wären jetzt gerade sehr stolz auf mich.

Warum sollte man mitten in der Nacht in einen Pool springen?

Ich bin in einer Beziehung. Lieber nicht.

Ich warte mit pinkeln, bis ich ein Klo finde.

Wir sollten ihm keinen Pimmel ins Gesicht malen, solange er betrunken schläft.

4 Dinge, die kein Briefmarkensammler sagen würde

Kann mal jemand die Fenster aufmachen?
Klar kannst du die ruhig auf deine Postkarte kleben.
Mauritius? Hm. Sonne, Strand, Urlaub, Indischer Ozean …
Darf ich Sie noch auf einen letzten Drink zu mir nach Hause bitten? Ich würde Ihnen gerne meine Penissammlung zeigen.

2 Dinge, die kein Brillenträger sagen würde

Ich könnte mich auch jedes Mal kaputtlachen, wenn ich von draußen komme und ich nichts sehe, weil meine Brille beschlägt.
Natürlich, jeder hier im Raum darf meine Brille mal aufsetzen.

5 Dinge, die Buddhisten nicht sagen würden

Ich bin so wütend, ich könnte kotzen.
Lasst mich durch, ihr Arschnasen.
Ihr kommt alle in die Hölle, wenn ich diesen Keks nicht kriege.
… und dann habe ich einfach zugedrückt.
So ein Cabriolet würde mich wirklich reizen.

16 Dinge, die kein Bundestagsabgeordneter sagen würde

Ich möchte mich dazu nicht äußern, weil ich befangen bin und von dieser Interessenvereinigung regelmäßig Honorar beziehe.

Ich finde, wir sollten dieses Jahr die Diäten nicht erhöhen.

Dazu kann ich nichts sagen, da mein Referendar verschlafen hat.

Dazu kann ich nichts sagen, weil ich sonst lügen müsste wie gedruckt.

Ich sage genau das Gegenteil von der Opposition. Ganz egal, was die gesagt haben.

… kommen wir ohne Neuverschuldung aus.

Können Sie bitte mal dazwischenrufen?

… senken wir die Steuern.

Die Opposition liegt völlig richtig mit ihrer Haltung.

… reduzieren wir die Privilegien der Beamten.

Bei diesem Thema brauchen wir Denkverbote.

Unsere Vorschläge liegen unterm Tisch.

Griechenland ist der Zahlmeister Europas.

Wir sollten in Frankreich einmarschieren.

… aus diesem Grund werden sie alle keine Rente mehr bekommen.

Dann möchte ich noch meine Tante Iselgunde grüßen.

7 Dinge, die kein BWL-Student sagen würde

Geld allein macht auch nicht glücklich.
Wie gefallen euch meine Dreadlocks?
Ich lege keinen Wert auf Statussymbole.
Wichtig ist für mich, was kann ich für dich tun?
Die Lagrange-Funktion habe ich sofort verstanden.
Es sieht einfach besser aus, wenn ich den Kragen nicht hochklappe.
Ich interessiere mich in erster Linie für Wirtschaftsethik.

5 Dinge, die kein Camper sagen würde

Wir campen nur, weil wir uns kein Hotel leisten können.
Wir bekommen das Zelt prima zusammengefaltet. Nur aufstellen geht irgendwie nicht.
Auf dem Campingplatz sind wir Multimillionäre und Charity-Ladys einfach sicher vor den Paparazzi.
Ich freue mich jedes Jahr, wenn wir wieder denselben Platz beziehen – fast so sehr wie die Ameisen.
Möchtet ihr heute Abend mit uns grillen? Ich sag mal Business-Informal wäre als Dresscode für uns absolut in Ordnung.

12 Dinge, die kein Chinese sagen würde

Wollen wir über Menschenrechte sprechen?
Ich bin ein Glückskeks.
Lang lebe der Dalai Lama.
Das Wichtigste für mich ist eine ausgeglichene Work-Life-Balance.
So, jetzt hab ich keinen Bock mehr zu arbeiten und deswegen geh ich früher nach Hause.
Ich kann nicht Rad fahren.
Das ist unsere Wohnung. Sie hat 5 Zimmer und drei Bäder.
Heute gibt es meine Leibspeise: M8 mit Huhn!
Wenn Sie so gut wären und mir erklären könnten, was Glutamat ist?
Für mich die Käseplatte und einen Moscatel dazu.
Rrrrrrrrrr …!
Das sind meine Kinder Hi, Han, Hun und Chan.

6 Dinge, die Club-DJs nicht sagen würden

Du, ich bin verheiratet.
Na klar. Dann spiel ich das halt noch mal heute Abend.
Sieht so aus, als würdest du dich besser mit Musik auskennen als ich.
Das macht alles meine automatische Playlist, ich steh hier nur, falls …
Interessant! Und wo genau hast du schon mal aufgelegt?
Ich orientiere mich immer an den Bravo-Hits.

10 Dinge, die Cowboys nicht sagen würden

Wollen wir das nicht in aller Ruhe bei einem Glas Tee im Saloon ausdiskutieren?
Wäre es möglich, dass Ihnen versehentlich gerade eine Spielkarte aus dem Ärmel gefallen ist?
Diese Stadt ist viel zu groß für uns beide.
Für mich einen Piña Colada, bitte.
Moment, ich schließe noch schnell mein Fahrrad ab.
Wo hab ich nur meine Mütze liegenlassen?
Wollen wir mal was Lustiges singen?
Heute Abend mach ich uns allen ein schönes Risotto, ja?
Wer spielt mit mir ein paar Runden Spitz-pass-auf?
Ein Päckchen Lord Ultra, bitte.

6 Dinge, die der Dalai Lama nicht sagen würde

Am ehesten bin ich noch Buddhist.
Titten! Wow!
Für mich das Porterhouse-Steak – und bitte ohne schwindligen Beilagensalat.
Sie Drecksau …!
Irgendwer, eben bei der UNO-Versammlung, hat mir meine Rolex stibitzt.
Was heißt da »So beruhigen Sie sich doch!«?

3 Dinge, die kein Darts-Spieler sagen würde

Piloten, Rennfahrer und Dart-Spieler haben einen außergewöhnlichen Schlag bei Frauen.

Ich arbeite noch an meiner Ausdauer, aber durch tägliche Mittelstreckenläufe bin ich hoffentlich nächste Woche fürs Turnier fit.

Als ostdeutscher Spitzenspieler ist mein größtes Problem, meine Familie vor Paparazzi zu schützen.

5 Dinge, die kein Demonstrant sagen würde

Wir wollen nur ein bisschen Streit mit der Polizei, das Thema ist uns eigentlich egal.

Entschuldigen Sie, wogegen bin ich hier heute?

Die Bullenschweine waren extrem sanft und verständnisvoll.

Leute, ich glaube, wir haben uns verlaufen.

Könnten Sie mal meinen Stein halten?

3 Dinge, die keiner über deutsche Altpräsidenten sagen würde

Schade. Wulff war schon ein Charismatiker.

Köhler wirkte gegen Ende seiner Amtszeit überambitioniert.

Wer fürchtete nicht Lübkes scharfen Verstand?

7 Dinge, die kein Designer sagen würde

Sieht scheiße aus und funktioniert nicht, aber ich muss auch von was leben.

Funktioniert, aber sieht scheiße aus, das kommt so aus der Entwicklung.

Funktioniert nicht mehr, aber sieht super aus. Das geht so zurück in die Entwicklung.

Sieht scheiße aus und funktioniert nicht, aber die Entwickler müssen auch von was leben.

Ach, an Waschbecken wollen sich Leute die Hände waschen? Na dann erfinden wir doch eine Mischbatterie, bei der man sofort sieht, wie das Wasser angeht!

Ich habe die Plastikbeutel für Obst im Supermarkt so entwickelt, dass sie nur im absoluten Notfall auseinandergehen.

Als ich die Ketchup-Tütchen entwickelt habe, wollte ich die Geduld der Menschen prüfen.

18 Dinge, die Deutsche nicht sagen würden

Ich fühle mich eher als Franzose.

Wir schmeißen unseren gesamten Müll immer ungetrennt in die Tonne.

In unserer Straße ist nur der Behindertenparkplatz immer besetzt.

Wir gratulieren St. Pauli zum Gewinn der Deutschen Meisterschaft.

Ich freue mich immer, wenn meine Mitmenschen so aufmerksam sind, mich im Straßenverkehr zu belehren.

Wir essen daheim schon noch Eier aus Legebatterien.

Kinofilme schaue ich mir eigentlich am liebsten in der deutschen Synchronisation an.

Wir treffen uns irgendwann zwischen 10 und 12 Uhr. Lass es uns nicht so genau nehmen.

Ich bin stolz auf unseren Außenminister Guido Westerwelle.

Deutschland hat einfach zu viele Stars.

Sie sollten öfters Lieder von Xavier Naidoo im Radio spielen.

Horst-Kevin, wir gratulieren zu deinem Abitur.

Ich finde, man kann bei Kunst im öffentlichen Raum sehr gut unterscheiden, was Kunst ist und was Sperrmüll.

Die Läden in den Fußgängerzonen sind so unterschiedlich, da weiß man gleich, in welcher Stadt man ist.

Die deutschen Politiker waren noch nie so charismatisch wie heute.

Deutsche Weine sind schlechter als ihr Ruf.

Ich würde gerne nach Bitterfeld ziehen.

Das ist doch total scheißegal, wie das die Stiftung Warentest bewertet hat.

7 Dinge, die deutsche Landsleute unterwegs nicht sagen würden

Schau, wie schön, da sind Deutsche!

Ich bin rundum zufrieden mit dem Service, dem Essen, dem Wetter, den sanitären Einrichtungen und der Lage des Hotels.

Die sollten auch in die EU, finden Sie nicht?

Ich komme mit der arabischen Mentalität einfach hervorragend zurecht.

Ich hab mir das vor der Wende immer genau so vorgestellt, wie es jetzt hier ist.

Nein, ich kenne den Weg auch nicht.

In Barcelona könnte ich es nicht aushalten. Nicht mal für ein Jahr oder zwei.

4 Dinge, die keine deutsche Schauspielerin sagen würde

Klar habe ich mit dem Alter ein Problem – sehe ich etwa so aus, als hätte ich mich nicht liften lassen?

Ich kann auf Kommando künstlich lachen. Haha. Sehen Sie?

Mein Vorbild als Schauspielerin und als Person ist Katja Riemann.

Ich möchte gerne in Würde altern. So wie Uschi Glas.

6 Dinge, die kein Deutschlehrer sagen würde

Sebastian Sick weiß vieles wirklich besser als ich.
Die Kinder werden zunehmend schlauer.
Ich bewundere die perfekte Orthographie der Leute in vielen Internet-Foren.
Ich kann gar nicht verstehen, wie sich jemand über Apostrophe aufregen kann.
Zu meinen Schulzeiten beherrschten die Schüler die Grammatik viel schlechter.
Den Genitiv muss man eigentlich nicht unbedingt können.

3 Dinge, die kein Dichter sagen würde

Ich habe endlich einen Reim auf Senf und Genf gefunden.
Ich weiß nicht, wie ich es sagen soll.
Mir fällt kein Plot für einen ganzen Roman ein. Darum dichte ich lieber.

6 Dinge, die Dicke nicht sagen würden

Ich kann essen, was ich will, ich nehme immer ab.
Ich bin so ein schlechter Futterverwerter.
Das kommt alles nur vom vielen Sport und den Diäten.
Ich bin dick, aber auch noch total schlecht gelaunt.
Ich leide an einer Unterfunktion meiner Schildkröte.
Ich wäre gerne schlank. Ich esse aber zu viel und bewege mich zu ungern.

8 Dinge, die kein Diplomat sagen würde

Mit Verlaub, Herr Präsident, Sie sind ein Arschloch.
Er hat angefangen.
Haben Sie stark zugenommen, Mylady?
Immer dreimal mehr wie du.
Wuaaaa! Wie schmeckt das denn? Ist das gedörrter Biberschwanz?
Jetzt halten Sie mal die Schnauze, ich will Ihnen mal was sagen: …!
Das einzige schwere Geschütz, das Ihr Militär aufzuführen fähig ist, mein lieber italienischer Kollege, sind Panzerotti in Buttersoße.
Es riecht so streng. Haben Sie gefurzt?

8 Dinge, die keine Domina sagen würde

Super gemacht.
Ja, prima, weiter so.
Von mir aus, gerne.
Ja, klar mach einfach, was dir Spaß macht.
Hihi, da bin ich kitzelig.
Wie du möchtest.
Darf ich auch mal?
Entschuldigung, ich wollte dir nicht weh tun.

6 Dinge, die keiner im Dschungelcamp sagen würde

Könnte ich eine Serviette haben?
Reichst du mir mal das Salz, bitte?
Das sieht aber ganz gut aus, was ist das?
Aaah, mein Leibgericht!
Die sind aber süß!
Ui schau mal, da ist ein Promi!

6 Dinge, die kein Ehemann sagen würde

Ich bring nur noch schnell den Müll runter!
Sag nichts – du hast dir die Spitzen schneiden lassen, stimmt's?
Möchtest du wissen, was ich gerade denke …
Deine Mutter hat doch heute Geburtstag, lass uns schnell vorbeifahren.
Du, ich komm heute nach der Arbeit wieder gleich nach Hause.
Lass uns doch Grey's Anatomy gucken statt Bundesliga. Augsburg verliert so oder so.

4 Dinge, die Ehepaare nicht sagen würden

Ich liebe es, wenn uns Menschen immer wieder Komplimente über unsere einheitliche Freizeitkleidung machen.
Ich finde es schön, wenn man sich nach 20 Jahren Ehe endlich nichts mehr zu sagen hat.
Bei der Kindererziehung ist es immer gut, wenn man die verschiedenen vorhandenen Meinungen dem Kind aufzeigt.
Ohne die Kinder wären wir sicher noch ein Paar.

14 Dinge, die Eltern nicht sagen würden

Hast du schon mal über ein Genitalpiercing nachgedacht, Tochterherz?

Nimm doch den türkischen Animateur. Der ist bestimmt gut im Bett.

Komm einfach nach Hause, wann du willst.

Jeder muss seine eigenen Drogenerfahrungen machen.

Wollen wir zusammen eine Runde Basejumpen gehen?

Töchterchen, lass dir doch bitte etwas mehr Zeit im Bad.

Ich möchte, dass du heute den ganzen Tag zu Hause bleibst und Xbox spielst.

Du isst jetzt sofort diese Packung Gummibären auf, sonst gibt es kein Fernsehen.

Möchtest du, dass ich dir beibringe, wie man sich die Eier rasiert?

Mist, jetzt haben wir das Zauberwort vergessen.

Damit geben wir dich hiermit für die Adoption frei.

Unser Junge ist nicht faul, sondern einfach dumm.

Wieso Zucker gegessen? Der führt sich immer so auf.

Schau mal, Leon, der kleine Junge hier gibt dir seine Schaufel bestimmt gerne ab, wenn du ihm ganz doll eine reinhaust.

8 Dinge, die kein Engländer sagen würde

Ich hoffe, wir können uns ins Elfmeterschießen gegen die Deutschen retten.
Wir wünschen uns alle eine stärkere Integration in die Europäische Union.
Ich habe schon ewig nichts mehr über die Königsfamilie gelesen.
Für mich ist und bleibt Camilla die Königin der Herzen.
Hey, du, drängle dich nicht vor.
Ich bin stolz auf unsere Torhüter.
Ich liebe deutsche Komödien. Die sind uns einfach im Humor überlegen.
Wir könnten doch in Frankreich einmarschieren.

7 Dinge, die keiner beim ersten Date sagen würde

Nimmst du bitte den Müll mit runter?
Die Teller fliegen nicht von selbst in die Spülmaschine!
Zum Frühstück nach Paris? Wir beide? Und wie willst du das finanzieren?
Das nennst du abgespült?
Ich bin überreif für eine Beziehung.
Das geht mir alles ein bisschen zu langsam.
Wie fandest du dich selber?

10 Dinge, die kein Esoteriker sagen würde

Du könntest jedes Sternzeichen sein.
Ich befürchte, mit dem Urintrinken habe ich ins Klo gegriffen.
Ich bin Physiker von Beruf.
Wir sind nicht seelenverwandt, sondern beide bescheuert.
Von mir erfahren Sie kein Wort über meine esoterischen Betrachtungsweisen.
Mein Hund ist mir zugelaufen und bei mir geblieben, weil ich ihn mit Wurst angelockt habe und füttere.
Ich schau immer bei Wikipedia nach, bevor ich an eine neue Heilmethode glaube.
Ich liebe Esoterikerwitze.
Du glaubst auch jeden Mist, oder?
Bei meiner Auradusche ist das Flausensieb verstopft.

7 Dinge, die kein Extremkletterer sagen würde

Eigentlich war der Erste oben am Gipfel mein Sherpa.
Wann geht denn die Gondel?
Reinhold wer?
Jetztnichtnachuntenschauenjetztnichtnachuntenschauenjetzt bloßnichtnachuntenschauenfuckfuck.
Der Himalaya könnte kommerziell noch viel besser erschlossen werden.
Am liebsten würde ich den ganzen Kram hinschmeißen, meine Sachen packen und in die Niederlande abhauen.
Als wir dann am Gipfel waren, stieg ich alleine ab von den Schultern meines Sherpas.

4 Dinge, die Ex-Freunde/-Freundinnen nicht sagen würden

Ich bin reif für eine Beziehung. Aber nicht mit dir.
Es lag nicht an mir, sondern an dir.
Wir können ja Facebook-Freunde bleiben.
Richte deinem Vater aus, er ist echt ein extrem süßes Bärchen.

4 Dinge, die kein Facebook-Nutzer sagen würde

Die passen schon auf meine Daten auf.
Ich kenne mich mit sämtlichen Einstellungen aus und weiß deswegen genau, wer was sehen kann.
Schön, dass hier auch politisch deutlicheren Randgruppen eine Plattform geboten wird.
Söhnchen, möchtest du zu deiner Party nicht auch deine Facebook-Freunde einladen?

6 Dinge, die kein Fahrlehrer sagen würde

Jetzt gib doch mal ordentlich Stoff.
Bitte kurbeln Sie das Fenster herunter, führen den Arm hinaus und erheben Sie den Mittelfinger.
Du fährst jetzt schon besser als ich.
Du wirst den Führerschein niemals bekommen. Niemals.
Du hast sicher nichts dagegen, wenn ich mein Hörbuch weiter höre.
Klemm es einfach zwischen Ohr und Schulter, dein Handy.

4 Dinge, die kein FDP-Mitglied versprechen würde

Wir verstaatlichen die gesamte deutsche Automobilwirtschaft.
Wir werden das Militär, die Polizei sowie das Technische Hilfswerk privatisieren.
Die Reichensteuer wird so lange erhoben, bis es keine Reichen mehr gibt.
Ab 2024 sind in der FDP auch maskulin wirkende Männer in der Führungsebene zugelassen.

2 Dinge, die keine Fee sagen würde

Wenn sich jetzt noch einer mehr als drei Wünsche als ersten Wunsch wünscht, schmeiß ich den Laden ein für alle Mal hin.
Wer hat denn gesagt, dass ich eine gute Fee bin. Ich mag Eselsohren!

6 Dinge, die kein Feinschmecker sagen würde

Mein Kaugummi verliert seinen Geschmack seit Ewigkeiten nicht.
Kann ich bitte mal das Maggi haben?
Bitte ein Glas eiskalten Bordeaux.
Durch, bitte.
Können Sie das nicht schnell in der Mikrowelle warm machen?
Zweimal Pizza Hawaii und ein Cordon Bleu.

5 Dinge, die man nicht übers Fernsehen sagen würde

Hangover 2 war so viel lustiger als der erste Teil.
Harald Schmidt war noch nie so gut wie heute.
n-tv sollte auch mal einen Beitrag über Hitler bringen.
Das Nachmittagsprogramm von RTL 2 ist mir zu anspruchsvoll.
Wetten dass … war noch nie so gut wie mit Markus Lanz. Höchstens als es Wolfgang Lippert gemacht hat.

5 Dinge, die kein Fernsehmechaniker sagen würde

Das kann ich Ihnen für kleines Geld reparieren.
Das müssen wir nicht einschicken. Das kann ich gleich hier machen.
Die Garantie läuft erst morgen ab. Da haben Sie Glück gehabt.
Es war nur ein Wackelkontakt am Stecker. Das heißt für Sie: null Materialkosten!
Ihr Modell ist zwar alt, aber gut in Schuss. Das würde ich noch ein paar Jahre behalten.

4 Dinge, die kein Fitnesstrainer sagen würde

Mein Übergewicht tut hier nichts zur Sache!
Prösterchen!
Männer stehen doch eigentlich gar nicht auf diesen Bauch-Beine-Po-Mythos.
Nein, ich bin sexuell nicht an Ihnen interessiert.

6 Dinge, die keine Fleischereifachverkäuferin sagen würde

Darf's ein bisschen weniger sein?
Der Fleischsalat ist vom letzten Monat.
Unsere Kühe kommen aus Rumänien.
Nichts, was Sie hier sehen, machen wir selbst.
Der Leberkäse ist aus Leber und aus Käse.
Tut mir leid, das weiß ich nicht, ich bin Frutarierin.

7 Dinge, die kein Fotograf sagen würde

Dieses Foto hätte jeder Trottel machen können, der so eine teure Kamera hat wie ich.
So, jetzt sagen alle mal gleichzeitig Lasagne.
Die Großen vor!
Ein Megapixel reicht locker.
Das Licht ist wirklich egal.
Du hast so schöne rote Augen.
Wenn die Kamera einer klaut, ist es mir egal. Die war billig.

5 Dinge, die kein Fotomodell sagen würde

Boah, bin ich satt.
Mit Sahne, bitte.
Ich habe leider nur diesen kleinen Spiegel im Bad.
Bier, Speck, Wurst – nimm dir aus dem Kühlschrank, was dir schmeckt.
Hier würde ich eher einen existenzphilosophischen Ansatz von Kierkegaard als treffend erachten.

6 Dinge, die kein Frankfurter sagen würde

Wir haben hier mal wieder grüne Welle.
Die Bedienungen in den Apfelweinkneipen sind immer sehr zuvorkommend.
Ich mag Offenbacher.
Leihst du mir deine Bauchtasche von Eastpak?
Am Hauptbahnhof schlendere ich gerne herum und bummle durch die Läden.
Bekommt man auf Äppelwoi Durchfall?

6 Dinge, die Franzosen nicht sagen würden

Ich spreche Deutsch, Englisch, Französisch und Italienisch.
In Sachen Lebensart sind uns die Deutschen einfach hoffnungslos überlegen.
Ich liebe holländischen Käse.
Wir machen regelmäßig Feinschmeckerreisen nach Kroatien.
Sarkozy war ein großer Staatsmann.
Ich bin aus steuerlichen Gründen nach Frankreich eingewandert.

32 Dinge, die Frauen nicht sagen würden

Da hab ich mir widersprochen.
Zu welcher Gelegenheit soll ich denn diese Tasche bitte tragen?
Das war doch passives Abseits.
Dieser Diamant ist einfach zu groß.
Diese Frau trägt das gleiche Outfit wie ich. Wie cool. Ich werde gleich mal rübergehen und ihr ein Kompliment machen.
Ich bin seit über 25 Jahren glücklich mit meinem ehemaligen Skilehrer verheiratet.
Ich hab zu viele Schuhe.
Humor ist für mich extrem unwichtig. Hauptsache, er ist klein und aschblond.
Ich muss jetzt leider auflegen.
Mich nerven meine dicken Haare.
Wollen wir nicht lieber angeln gehen?
Schatz, gönn dir einen Tequilashot vom nackten Hintern dieser Stripperin.
Liebling, dein Furz hat mich einem spirituellen Ereignis sehr nahe gebracht.
Die Socken gehen locker nochmal einen Tag.
Immer hörst du so genau hin, wenn ich was sage.
Glotz mir doch nicht unentwegt in die Augen, wenn ich mit dir rede.
Mann, ich hab schon wieder glühendheiße Hände und Füße.
Rutsch durch, den park ich da rein.
Du kannst genauso gut erst morgen duschen.
Ich hab so derartig geile Ringmaulschlüssel gesehen, die bestell ich mir.

Mit einem Griff finde ich in meiner Handtasche alles.
Seine Ex ist so süß.
Geht denn diese scheiß Strumphose niemals kaputt?
Ich könnte Bäume ausreißen, wenn meine Tage da sind!
Stimmt.
He, Sascha, ich hab deinen Namen in den Schnee gepinkelt.
… und wann kommt die Action in dem Film?
Willst du schon wieder reden?
Gib mir mal die Spinne!
Ich verdiene weit mehr als meine männlichen Kollegen.
Egal, was er damit anstellen kann. Allein die Größe zählt.
Behalt den Brilli. Ich hätte lieber deine Hilti.

7 Dinge, die frisch verliebte Frauen nicht sagen würden

Du musst dir die Nasenhaare schneiden.
Sorry, ich hab Kopfweh.
Musst du immer so viel Bier trinken?
Wir müssen reden …!
Du bist genau wie dein Vater.
Kannst du nicht ein einziges Mal …?
Wenn du noch ein einziges Mal …!

2 Dinge, die kein Friseur sagen würde

Ihr Haar sieht großartig aus. Da reicht ein günstiges Shampoo aus der Drogerie.
Ich schneide es Ihnen kürzer, dann müssen Sie seltener kommen.

6 Dinge, die kein Freier sagen würde

Grüß mir Vladimir bitte ganz herzlich!
Ich glaub, ich hab heut Kopfweh.
Bei meiner Frau darf ich das aber!
Ich geh noch mal kurz mit den Jungs was trinken, o.k.?
Ich bin's noch mal. Ich hab den Müll vergessen!
Ich weiß nicht. Irgendwie sieht dein Kleid ein bisschen nuttig aus.

7 Dinge, die Fußballfans nicht sagen würden

Bochum, Bochum, wir fahren nach Bochum.
Ich bewundere den Schiedsrichter für die korrekten und präzisen Entscheidungen. So wie gerade bei dem Elfmeter gegen uns.
Bei »Titan« denke ich an meine Pfanne.
Ich hätte gerne einen Prosecco auf Eis.
Ich habe keine Kenntnis, wo sich das Fahrzeug des Schiedsrichters befindet.
Ich mag eigentlich keine Lieder mit Refrains.
Ich bewundere die taktischen Überlegungen des Trainers und bin fest davon überzeugt, dass ich das nicht so gut könnte.

7 Dinge, die Fußballstars nicht sagen würden

Frauenfußball wird komplett unterschätzt.

Er hat mich gar nicht getroffen. Das war wirklich eine Schwalbe.

Nicht unsere Mannschaft ist für die Niederlage verantwortlich, sondern einzig und allein unser Torwart.

Die gelbe Karte habe ich verdient.

Könnte ich bitte ein Taschentuch haben, mir läuft die Nase.

Schiri, das war eindeutig Freistoß fürs andere Team.

Der Trainer wollte nicht auf mich hören, jetzt hat man das erbärmliche Ergebnis gesehen.

5 Dinge, die kein Fußballkommentator sagen würde

Hach, wie heißt denn jetzt der mit der Nummer 5? Na, die Nummer 5 eben.

In der spanischen Kommentator-Kabine hier neben mir herrscht wie immer eisiges Schweigen.

An dieser Stelle, meine Damen und Herren, muss ich zugeben, dass ich die Abseitsregel nicht zu einhundert Prozent verstanden habe.

Sie sind mit Sicherheit mit mir einer Meinung, wenn ich sage, haut die Drecksau vom Platz.

Spektakulär schön, wie es hier in dieser turbulenten Situation fällt, das Haar von Mario Gomez.

4 Dinge, die kein Fußballmanager sagen würde

Wenn wir nächstes Wochenende nicht gewinnen, dann schmeiße ich den Trainer raus.

Wir haben den Trainer nicht beurlaubt, sondern hochkant rausgeworfen.

Eigentlich hätte ich mich selber feuern müssen.

Matthias Sammer ist doch noch viel unsympathischer als ich.

4 Dinge, die kein Fußballtrainer sagen würde

Auf den nächsten Gegner müssen wir uns nicht so gut vorbereiten. Den können wir gar nicht unterschätzen.

Die Abseitsentscheidungen waren erstaunlich korrekt.

Die Gegner waren klar besser und hatten die sympathischeren Fans.

Strunz kann sich das erlauben.

4 Dinge, die kein Fußpfleger sagen würde

Kleinen Moment, ich bin gleich wieder bei Ihnen. Ich schmiere mir nur kurz Tigerbalm unter die Nase.

Die gute Nachricht: Die Hornhaut ist weg. Die schlechte: Sie sind jetzt ein bisschen kleiner.

Soll ich Ihnen passende Eisen schmieden lassen?

Moment! Zu Ihren Füßen brauche ich einen eher trockenen, kräftigen Wein.

5 Dinge, die kein Gangster sagen würde

Ich war zum Tatzeitpunkt extrem nüchtern.
Meine Eltern haben mir eine wunderbare Kindheit geboten, aber ich habe es trotzdem verseppelt.
Mein Idol ist Mahatma Gandhi.
Ich glaube, eine Bewährung macht bei mir keinen Sinn mehr.
Selber böse.

10 Dinge, die Gäste nicht sagen würden

Du siehst müde aus, ich geh dann lieber mal nach Hause.
Ich habe in eurem Badezimmerschränkchen gesehen, dass ihr mit Kondomen verhütet.
Ist ja ekelerregend, was in eurem Abfalleimer im Bad so alles ist.
Donnerwetter, schmeckt das übel.
Ihr spart beim Rotwein, stimmt's?
Ihr wohnt ja in einem schmutzigen Loch. Um Gottes willen.
Wer hat denn bei euch die Tapeten herausgesucht? Finn?
Wieder ein Abend für die Katz. Danke dafür.
Weck bitte Sven auf, wir wollen uns verabschieden.
So, wir machen uns jetzt mal ein Bett und würden noch gerne miteinander schlafen, wenn ihr nichts dagegen habt.

7 Dinge, die kein Gebrauchtwagenhändler sagen würde

Sie können das nicht sehen, aber der Wagen leidet unter Rostbefall.

Meinen Sie den Kilometerstand auf dem Tacho oder die tatsächlich gefahrenen Kilometer?

Damit kommen Sie im Leben nicht mehr durch den TÜV.

Der Vorbesitzer kannte nicht mal das Wort Scheckheft.

Ich gebe Ihnen keine Garantie, und zwar nicht deshalb, weil ich den Wagen nur auf Kommission verkaufe, sondern weil ich glaube, dass die Mistkiste bald den Geist aufgibt.

Mit Autos handle ich doch nur zum Schein. Wollen Sie Waffen? Mädchen? Drogen? Soll ich wen für Sie erpressen?

Ich glaube, der Vorbesitzer ist genau hier, hinter dem Lenkrad, verstorben.

9 Dinge, die Gefängnisinsassen nicht sagen würden

Ich bin dann mal weg.

Guten Abend, ich hätte gerne eine Pizza Prosciutto, zwei Bier und ein Tiramisu.

Hi, Süße, hast du Lust auf einen Drink?

Ich möchte gerne spontan bleiben.

Ich bin schuldig.

Ein Tapetenwechsel wäre schön. Oder wenigstens ein neuer Parkettboden.

Ich bring schnell den Müll weg, o.k.?

Leute, was hat es eigentlich mit dieser Seife auf sich?

Haha, draußen regnet es.

4 Dinge, die kein Geiselnehmer sagen würde

Ich hätte gerne ein Fluchtfahrzeug mit umweltfreundlicher Hybridtechnologie.

Ich hätte gerne eine attraktivere Geisel.

Ich hätte das Geld gerne als Euro-Cheque.

Ich hätte gerne, dass Sie das Stockholm-Syndrom sofort bekommen.

7 Dinge, die kein Golfer sagen würde

Soll ich Ihnen Haare ums Loch drum rum malen, damit Sie besser treffen?

Gott, bin ich kaputt, ich muss erst mal Luft holen!

Schnell einen Arzt, mein Spielpartner hat sich beim Putten völlig verausgabt!

Freeclimbing war einfach keine echte Herausforderung mehr für mich. Da ist so ein 18-Loch-Platz schon was anderes.

Ich golfe wegen der Wildheit der Natur.

Die Mitgliedschaft im Shadow Creek ist mir schon ein wenig peinlich.

Ahh! Ich bin grad wo hineingetreten – und ich sag nur so viel: Es war kein Loch!

4 Dinge, die Gott nicht sagen würde

Iiihhh, Homosexuelle!
Und dann möchte ich, dass ihr euch sonntags morgens die Performance von dem Kerl im Kleid anhört!
Wer meine Lehren verbreitet, soll keinen Sex haben!
Etwas mehr Weihrauch, bitte.

3 Dinge, die niemand auf Grabsteine schreiben würde

Nimm den Müll mit runter.
Sorry, diese Seite ist vorübergehend nicht verfügbar.
Und ich sagte noch, dass Rot ist.

6 Dinge, die Griechen nicht sagen würden

Unsere Firma sucht händeringend nach jungen Mitarbeitern.
Wir können uns vorstellen, die deutsche Wirtschaft zu unterstützen.
Hoch lebe Angela Merkel.
Am härtesten trifft es wie immer die Reeder.
Die Banken können ja nichts dafür.
Ich habe irgendwie das Gefühl, wir haben in den letzten 2000 Jahren nichts Vernünftiges mehr zustande gekriegt.

5 Dinge, die Grünen-Mitglieder nicht sagen würden

Immer diese beschissenen Lahmärsche auf der linken Spur.

Bei uns kommt der Strom aus der Steckdose.

Wir könnten uns eine fruchtbare Koalition mit der NPD vorstellen.

Fischer war als Parteichef zu schüchtern.

Wir finden, Claudia Roth sollte mehr Kommentare zu Musikstücken abgeben.

3 Dinge, die Gutmenschen nicht sagen würden

So, Oma, gut ist's mit Enkelgeschichten. Ich bin an der Reihe.

Zwei Kilo Fohlenhack, bitte.

Könnten Sie bitte diesen Welpen einschläfern, er nervt doch mehr als gedacht.

4 Dinge, die keine Hausfrau sagen würde

Die Teller räume ich ab und sonst niemand!

Ich wundere mich, woher immer diese ganzen Socken kommen.

Die Kinder laufen nebenbei, die machen ja kaum Arbeit.

Ich leide so sehr unter dem Gefrierbrand.

38 Dinge, die kein Hamburger sagen würde

Herr Schmidt, hier dürfen Sie nicht rauchen.
Guten Morgen.
Ich hab Löwenbräu mitgebracht, weil Astra alle war.
Verzeihung, wo kann man denn auf der Reeperbahn gut feiern?
Grüß Gott.
Schon wieder ein freier Parkplatz.
Die Elbphilharmonie ist echt günstig geworden.
Astra macht schlechte Werbung.
Ich arbeite nicht in der Werbebranche.
Wir drücken den Bayern die Daumen.
Um die Außenalster joggen, das ist echt verrückt!
Bei schönem Wetter könnten wir …
Wo genau finde ich die Strandperle?
Als die Hafenstraße noch besetzt war, war es viel spießiger.
Jim Block – welches Lied ist von dem?
Ich hab Sonnenbrand.
Frühstück wie immer in der Schanze?
Für mich ein Radler und für ihn ein Alster.
Alle Hamburger mögen Aalsuppe.
St. Pauli ist ein peinlicher Verein.
Biene Biene – Mors Mors.
Morgen, Morgen.
Hans Albers war der erste bekennende Homosexuelle in Hamburg.
Auf der Reeperbahn nachts um dreiviertel eins.
Haha: Schlump! Hihihi.
Endlich Regen.

Eine Junggesellenparty im Dollhouse? Wie abgefahren ist das denn?
Ob König der Löwen nächstes Jahr auch noch läuft?
Was Max Herre in Stuttgart ist, ist Udo Lindenberg in Hamburg.
Wofür steht Mopo?
Ich hab Lust auf eine Hafenrundfahrt.
Drei Semmeln bitte.
Rosenmontag gehe ich als Prinzessin.
Mädels, wir treffen uns in der Herbertstraße.
Wir könnten Karten für die Elbphilharmonie kaufen.
Einmal Labskaus mit Hefeweizen.
Der Aale-Dingsbums vom Fischmarkt.
Siehst du das Gipfelkreuz?

7 Dinge, die kein Handwerker sagen würde

Darf ich gleich morgen zu Ihnen kommen?
Die Reparatur ist jetzt doch deutlich günstiger geworden.
Ich kann Ihnen auf die Minute genau sagen, wann ich bei Ihnen bin.
Meine Arbeit war fehlerhaft, da möchte ich noch mal über den Preis sprechen.
Es wäre mir aber wichtig, dass ich eine Rechnung ausstellen kann.
Da hätten Sie sich aber noch ein bisschen Zeit lassen können, der Schaden hat keine Eile.
Ich rechne noch kurz die Mehrwertsteuer aus.

8 Dinge, die kein Hausmeister sagen würde

Na klar dürfen Sie das.
Ich hätte auch gerne einen Maulkorb.
Die Stollenschuhe sind sehr gut für die Belüftung unseres Rasens.
Guter Schuss.
Das geht schon wieder raus.
Ich habe nichts gehört.
Ich habe nichts gesehen.
Wenn Gott gewollt hätte, dass man Hunde herumführt, wären sie mit Leine auf die Welt gekommen.

5 Dinge, die Holländer nicht sagen würden

Fahr doch mal zur Seite, du Lahmarsch.
Warum sperren die denn alle ihre Fahrräder ab?
Wir freuen uns riesig, wenn junge Menschen nach Holland kommen, um hier ihre ersten Drogenerfahrungen zu machen.
Ich bin noch nie verreist.
Ich fahre lieber zu Hause Ski.

32 Dinge, die kein Hesse sagen würde

Grie Soß. Und ein bisschen Ketchup dazu.
Ich kenne keinen Xaver.
Ich hätte bitte gerne einen Krug Apfelwein.
Handkäs ist behandelbar.
Könnten Sie die Musik zum Handkäs leiser machen?
Heinz Schenk war Ostfriese.
Aschenbecher.
Sitzt ein Würmchen auf dem Türmchen mit einem Schirmchen unterm Ärmchen, kommt ein Stürmchen wirft das Würmchen mit einem Schirmchen unterm Ärmchen vom Türmchen.
Eine Frau Rauscher kann ja wohl keine Beule am Ei haben!
Wir plapperten ein bisschen.
Die nächste Bank? Lassen Sie mich überlegen.
Man sollte in Frankfurt mal eine Werbeagentur eröffnen.
Badesalz ist Unfug. Ich habe nur eine Dusche.
Du kannst ja ins Waldstation. Ich geh in die Commerzbank-Arena.
Ei Gude – Welches gute Ei?
Eine große, süße Apfelweinschorle bitte.
Kümmel auf Käse? Bah, bah, bah!
Drogen und Prostitution sind in Frankfurt ausgestorben.
Endlich wieder Messe!
Graffitigeister in Frankfurt? Wo?
Das Schönste aus Hessen? Wahrscheinlisch Roland Koch.
Der Mainzer Fasching ist dem Kölner klar unterlegen.
Erbarmen! Zu spät! Die Franken kommen!
Fluglärm wird überbewertet.
Die Heimstätte des Mannes mit der Keule ist der Olymp.

Wo bleibt denn das Besteck zu meinem Handkäs!?
Mit dem Röhnrad fährt man am besten steil bergab.
Der Hessische Fußball ist eine einzige Erfolgsgeschichte.
Heinrich Heidel kennt sich gut mit Milch aus.
Frankfurt-Hahn liegt innerhalb des Zentrums.
Der Yedi auf der Zeil schwebt wirklich.
Haftbefehl ist echt schlau.

9 Dinge, die Hippies nicht sagen würden

Verzeih die Verspätung. Ich musste mich noch frisieren.
Möchtest du nicht lieber noch mal ziehen?
Oh Mann, bin ich krass nüchtern.
Heb das auf, du Schlamper.
Riech mal mein neues Deo.
Ich hasse Patschuli.
Epilierst oder wachst du dir die Beine?
Tschüss, ich muss in Büro!
Ich bring meinen SUV schnell zum Kundendienst.

Was kein Hirnchirurg sagen würde

Ihh! Das sieht ja aus wie Blumenkohl!

10 Dinge, die kein Hundebesitzer sagen würde

Er hasst Kinder.
Fass! Pack dir das Reh, Hasso.
Ich lasse sein Häufchen grundsätzlich liegen. Damit markieren wir unser Revier.
Kampfhunde haben von Natur aus einen miserablen Charakter.
Der bellt nicht, der beißt gleich.
Der will nicht spielen, der greift an.
Schon wieder? Herrje, das macht der echt immer!
Das habe ich kommen sehen!
Ich glaube, mein Wuffi möchte gerne mit Ihnen schlafen.
Das geht in der Wäsche nie wieder raus.

4 Dinge, die kein Hundetrainer sagen würde

Jetzt müssen Sie ganz langsam seine Kiefer aufhebeln.
Tja. Ich hoffe, Sie haben eine gute Versicherung.
Eigentlich erziehen wir Hundetrainer ja immer auch die Herrchen. Und jetzt möchte ich, dass Sie mir die Zeitung bringen und dann schön Sitz machen.
Das Problem ist, dass die meisten meiner Kunden ihre Hunde vermenschlichen, diese kleinen Schufte.

3 Dinge, die kein Hundezüchter sagen würde

Wir achten natürlich darauf, dass die Atmung rassetypisch ist. Hören Sie das harmonische, gleichmäßig ausgeprägte Rasseln des Mopses?

Nach 6, höchstens 7 Jahren machen die schlapp. Da werden dann die Hüftschmerzen eine eher untergeordnete Rolle spielen.

Ich finde nicht, dass Sie als Hundehalter geeignet sind. Probieren Sie es lieber erst mal mit einem Wellensittich oder einem Hamster.

9 Dinge, die kein Hypochonder sagen würde

Das ist bestimmt nur ein Schnupfen.

Das geht von alleine weg.

Das schwitze ich wieder raus.

Im Internet stand, dass das total ungefährlich ist.

Der ist bestimmt gutmütig.

Ich gehe jetzt mal trotzdem schwimmen.

Ich hab eben ganz vergessen, dir von meinen Schmerzen zu erzählen.

Das klingt aber vielversprechend. Diese Krankheit kannte ich noch gar nicht.

Das kenne ich. War bei mir aber nur halb so schlimm.

8 Dinge, die kein IKEA-Kunde sagen würde

Teelichter? Brauche ich nicht.
Servietten, Gläser, Übertöpfe? Brauche ich alles nicht.
Die Hot Dogs sind schon sehr überteuert.
Ich bekomme meinen Mann ja kaum mehr raus hier!
Kann mir jemand helfen, ich verstehe das Billy-System nicht.
Furchtbar, dieses Kinderparadies!
Ich geh einfach schnell durch die Abkürzungen zurück, bin gleich wieder da.
Die Dinge auf meinem Notizzettel sind alle im Lager vorhanden.

10 Dinge, die kein Immobilienmakler sagen würde

Die Lage ist in erster Linie laut.
Dieses Viertel wird auch in den nächsten drei Jahrtausenden nicht mehr hip werden.
Garten kann man dieses winzige Stück Brache nicht nennen.
Die Aussicht ist großartig, wenn Sie sich für Autos interessieren.
Die Sanierung wurde sehr schnell und lieblos durchgeführt.
Der Vorbesitzer will verkaufen, weil er glaubt, dass sich hier bald ein Drogenstrich ansiedeln wird.
Von hier brauchen Sie eine kleine Ewigkeit in die Stadt.
Sehen Sie die Autobahn? Aber Sie hören sie doch hoffentlich!
Da verzichte ich jetzt einfach mal auf meine Courtage.
Sie mögen Sinti und Roma? Gut, denn im Winter …

13 Dinge, die kein Inder sagen würde

Diese Rosen sind für meine Frau, die verkaufe ich nicht.

Wir haben uns für ein Wellblechdach entschieden, weil wir den reduzierten Retro-Style so lässig finden.

Ich bin so einsam.

Diese Bollywood-Filme sollten etwas romantischer sein.

Bitte nicht scharf.

Ich esse so gerne Fleisch, am allerliebsten Rind.

Die Hochzeitsfeier war erstaunlich kurz.

Ich habe meinen indischen Akzent leider sehr schnell verloren.

Von meiner Figur her könnte ich auch Rugby-Spieler sein.

Ich würde eigentlich lieber in Pakistan leben.

Meine Eltern sind so verdammt locker drauf.

Das scheint mir ein sehr fairer Preis zu sein.

Ich freue mich schon, wenn ich meine deutsche Freundin meiner Familie vorstellen darf.

Was kein Imker sagen würde

Maja! Willy! Aus!

13 Dinge, die kein Indianer sagen würde

Häuptling, ich habe versehentlich den Marterpfahl gefällt.
Meine Seele kommt in zehn Minuten nach.
Können wir das nicht friedlich lösen?
Wollen wir nicht lieber den Zug nehmen?
Wir treffen uns, wenn der Mond dreimal über die Prärie gezogen ist, sagen wir um 15:37 Uhr.
Das zerdrückte Gras sagt mir, vor drei Tagen ist hier ein Mann entlanggeritten. Er hat braune Haare, einen Ohrring und eine Schussverletzung am rechten Oberschenkel.
Ich habe mit meinem indianischen Traumfänger heute einen sehr schönen Traum gefangen.
Der American Way of Life wird von unserem Volk am ehesten gelebt.
Unser größtes Vorbild ist und bleibt Kevin Kostner.
Karl May ist unser wichtigster Historiker.
Toll! Cowboys!
Die Bleichgesichter sauf ich noch allemal unter den Tisch.
Mist! Ich hab meinen Kopfschmuck im Hörsaal liegen lassen.

4 Dinge, die kein Indianerhäuptling sagen würde

Hugh. Was hab ich eben noch gleich gesagt?

Wenn die Sonne am … also sagen wir kurz nach zwölf Uhr würde es mir passen.

Weiß einer von euch zufällig, wo ich mein Kriegsbeil verlegt habe?

Entschuldigung, da sollte ich kurz mit der Häuptlingin Rücksprache halten.

9 Dinge, die kein Intellektueller sagen würde

Harald Schmidt war noch nie so gut wie heute.

Ich geh mal Tengelmann.

Ich habe mir sämtliche Folgen vom Dschungelcamp angeschaut, weil ich auf Micaela Schäfer stehe.

Ich mag Die ZEIT nicht, weil so wenige Bilder drin sind.

Was guckst du? Bin ich Kino oder was?

Es hat mich geschockt, als ich erfahren habe, dass Kim Kardashian ihre pinken Pumps nicht mehr anzieht.

Mein Handy ist krasser wie deinem.

Bei Kik gibt es jetzt schöne Jogginghosen.

Mit meinem Subaru Impreza ledere ich euch alle ab.

7 Dinge, die Islamisten nicht sagen würden

Prost.
Komm, Schatz, wir gehen an den FKK-Strand.
In diesem Rock kommen deine langen Beine gut zur Geltung.
Shalömchen.
… unsere Frauen gingen ein paar Meter voraus …
Dann haben wir uns, kurz vor unserer Hochzeit, 9 ½ Wochen angesehen. Aishe hat sich über Mickey Rourke totgelacht.
Machmut! Hör auf mit den Arschbomben vom Beckenrand.

12 Dinge, die kein Italiener sagen würde

Schiri, der gegnerische Spieler hat mich doch gar nicht berührt.
Ich trage grundsätzlich keine Sonnenbrille.
Es nervt, wenn die Leute überall ihr Mobiltelefon benutzen.
Ich habe heute Morgen ganz vergessen, mich zu kämmen.
Ich spreche grundsätzlich nicht mit fremden Frauen.
Nein, Mama.
Für mich lieber Tee.
Ich meide Familienfeiern.
Autos müssen vor allem eines sein: groß.
Mein Leibgericht ist die Nr. 145 süß-sauer.
Die Franzosen haben die bessere Küche. Dafür kicken die Spanier besser als wir.
Mama kocht miserabel.

4 Dinge, die kein Jäger sagen würde

Ich habe danebengeschossen.
Ich liebe Mountainbike-Fahrer.
Ich habe neulich absichtlich einer Pilzsammlerin in den Hintern geschossen.
Das heißt nicht Bret, sondern Fleisch.

11 Dinge, die kein Japaner sagen würde

Ja, leck mich doch am Arsch.
Ich bin Basketballprofi in Amerika.
Verpiss dich, du Penner.
Ich bin ganz allein unterwegs.
Ich bin das ganze Jahr lang auf Weltreise.
Fick dich, Chef.
Meine Name ist San, genannt Long-Dong-San.
Ich mache grundsätzlich keine Bilder.
Warum schaut ihr so blöd rüber? Wollt ihr Stress?
Die Hotelzimmer sind nirgendwo so groß wie in Tokio.
Bäh, die Mädchenunterhose hat ja schon jemand getragen!

5 Dinge, die kein Jazzmusiker sagen würde

Ne, ich mag nicht improvisieren.
Könntet ihr mich ein wenig leiser mischen?
Ist schon spät, ich geh nach dem Gig gleich heim.
Ein Wasser, bitte.
Lass uns morgen ganz früh aufstehen und joggen gehen.

4 Dinge, die Jesus Christus nicht sagen würde

Für mich lieber festes Schuhwerk.
Am ehesten bin ich noch Buddhist.
Wie jetzt? Ich erstehe mühsam von den Toten auf – und ihr bemalt Eier???
Ich, Maria und Josef …!

5 Dinge, die kein Journalist sagen würde

Ich wünsche mir Katja Riemann als Interviewpartner.
Bitte entschuldigen Sie, dass ich Ihnen ins Wort gefallen bin.
Ich kann mich auch hinten anstellen, ich habe es nicht eilig.
Bitte verzeihen Sie diese dämliche Frage.
Ich würde gerne den ganz normalen Eintrittspreis bezahlen, weil ich privat unterwegs bin!

5 Dinge, die Judas nicht sagen würde

Ich war's!
Petrus war's.
Nö, Matze war's.
Hau mir ab mit dreißig Silberlingen, du römische Handlampe.
Davon kauf ich mir erst mal ein großes Eis.

3 Dinge, die kein Kammerjäger sagen würde

Ihhhh! Ma-chen-Sie-das-so-fort-weg!!!!
Würden Sie bitte kurz meinen Apfel halten, während ich sprühe?
Sitz! Sitz!!! Siiiiitz!!!! Aus!

6 Dinge, die kein Jurastudent sagen würde

Definitionen muss man nicht auswendig lernen. Hauptsache, man hat es verstanden.
Wenn ich alle Scheine bestanden habe, bin ich perfekt vorbereitet aufs Examen.
Barbara Salesch zeigt sehr realistisch, wie es wirklich zugeht in deutschen Gerichtssälen.
Ich vertrete die Meinung, die mich persönlich überzeugt, auch wenn sie nicht die herrschende ist.
Noten spielen keine wichtige Rolle. Es kommt auf den Menschen hinter dem Juristen an.
Auf das zweite Staatsexamen freue ich mich schon.

4 Dinge, die Kartenspieler nicht sagen würden

Ich freue mich und möchte mich dafür bedanken, dass du so lange und sorgsam mischst.

Wir unterhalten uns und spielen dabei Karten.

Nehmen Sie den Jackpot doch trotz Ihrer kleinen Mogelei von eben.

Sind vier Asse eigentlich gut?

2 Dinge, die Katzen nicht sagen würden

Sonntags könnte ich mal nach sieben Uhr frühstücken und Frauchen ausschlafen lassen.

Oh, ich muss schon wieder eine Mischung aus Haaren, Magensaft und Feuchtfutter kotzen – am besten gehe ich dazu von dem dicken, flauschigen Teppich runter.

6 Dinge, die kein Katzenbesitzer sagen würde

Die will nicht spielen, die will nur kratzen.

Sie sind eben nicht so schlau wie Hunde.

Die mag immer gleich jeden.

Die hört ganz gut auf ihren Namen.

Von Allergikern hält sie sich fern.

Die fällt immer aufs Gesicht.

9 Dinge, die kein Kfz-Mechaniker sagen würde

Für den Ölwechsel haben wir ein besonders preisgünstiges Motorenöl verwendet.
Sämtliche Kosten sind in der Inspektion inkludiert.
Da sind wir deutlich unter dem Kostenvoranschlag geblieben.
Die Teile haben wir alle auf Lager.
Das machen wir doch auf Kulanz.
Da haben Sie Glück, das ist kein Verschleißteil.
Wo war beim Benz schnell noch mal die Handbremse?
Das kleben wir mit Gaffa-Tape!
Haben Sie eine Ahnung, wie ich das Armaturenbrett abbekommen soll?

7 Dinge, die Kik-Kunden & -Verkäufer nicht sagen würden

Das ist ja traumhaft!
Haben Sie das auch in einer kleineren Größe?
Soll ich mal in einer anderen Filiale anrufen, ob sie es dort noch haben?
Wir können es auch umnähen lassen!
Das ist aus der Karl-Lagerfeld-Design-Kollektion …
Klar können Sie auch mit der schwarzen Amex zahlen.
Darf ich es Ihnen einpacken?

Was Kim Jong-un nicht sagen würde

Drohen bringt doch nichts.

6 Dinge, die keine Kindergärtnerin sagen würde

Ich finde, wir sollten das basisdemokratisch regeln, oder?
Ja, Lena ist viel hübscher als du, stimmt, Marie!
Machen wir ein Wettrennen, ja? Ohhhhhh. Habt ihr schon wieder gegen mich verloren.
War das jetzt ironisch gemeint, Florian?
Sorry, aber wir nennen uns hier bei den Vornamen, Kurzer.
Wer von euch hat Lust auf ein Eis? Und wer von euch kann sich eins kaufen?

8 Dinge, die kein Kinobesucher sagen würde

Sie haben einen sehr schönen Hinterkopf.
In der Vorschau waren eigenartigerweise nur die langweiligsten Szenen des Films.
Die zehn Euro extra für den kurzen 3-D-Effekt am Anfang des Films haben sich wirklich gelohnt.
Die Komödien von Til Schweiger sind doch immer wieder völlig überraschend.
Erstaunlich, wie wenige Leute bei so einem Film mitmachen.
Gaffer klingt nach einem guten Job, das könnte ich auch machen.

22 Dinge, die kein Kind sagen würde

Mama, könntest du bitte damit aufhören, mir dauernd so ballaststoffarme und kohlenhydratreiche Süßwaren zu kaufen?

Haben Sie auch Zucchinicremesuppe?

Cola ist mir zu süß.

Könnt ihr bitte den Fernseher ausmachen?

Kann ich denn nicht einmal in Ruhe lernen?

Mich langweilen diese ganzen Computerspiele.

Ich möchte heute gerne mal früher ins Bett gehen.

Daddy, willst du mit mir und meinen Kumpels heute Abend in einen Club gehen?

Ich würde nie nach Hogwarts gehen wollen.

Papa, kannst du mir bitte das Tanzen beibringen?

Warum nehmt ihr denn meine Freundschafts-Einladung auf Facebook nicht an?

Könnt ihr mir bitte mal ganz genau die Nacht beschreiben, in der ich gemacht wurde?

Hoffentlich sind wir nicht so schnell am Ziel, es ist gerade so bequem auf der Rückbank.

Ich würde die Hausaufgaben gerne noch mal machen, weil ich das Gefühl habe, meine Schrift war nicht ordentlich genug.

Mich stört es gar nicht, Mutti, wenn du staubsaugst, während ich fernsehe.

Mama, möchtest du mit mir einen Facebook-Account teilen?

Darf ich bitte in den dunklen Keller gehen und die Kartoffeln holen?

Oh, erst 5 Uhr, da lege ich mich noch mal hin.

Papi will während seines Mittagsschlafs bestimmt kein Dinosauriergebrüll hören.

Oh, die Eltern haben Besuch, da könnte ich mich ja mal zusammenreißen.
Das Zeug mit dem Totenkopf drauf ist bestimmt giftig.
Oh Mann, wie sieht denn mein Zimmer aus!
Das kann doch gar nicht funktionieren, das lasse ich lieber.
Am besten wir setzen uns zwischen die jungen Leute mit dem vielen Popcorn.
Könnten Sie Ihren Zwischenruf bitte wiederholen, der Film war so laut.

4 Dinge, die kein Klassik-Liebhaber sagen würde

Meine drei größten Stars sind Amadeus Mozart, Ludwig van Beethoven und André Rieu.
Richard Clayderman ist und bleibt der beste Pianist aller Zeiten.
Geil, eine Operette!
Man darf Bohlen als modernen Komponisten nicht unterschätzen.

5 Dinge, die kein Kleingärtner sagen würde

Herr Nachbar, können Sie die Musik bitte mal lauter machen, dann können wir hier auch dazu tanzen.
Ich stehe auf Death-Metal und Intimpiercings.
Machen Sie sich keine Gedanken über Ihre Schnecken. Die füttere ich gerne auch noch mit.
Ich würde mich freuen, wenn mir die anderen Kleingärtner morgen bei der Haschernte helfen könnten.
Wir kennen hier keine Regeln. Jeder kann sich ganz und gar seinem anarchistischen Ideal hingeben.

37 Dinge, die kein Kölner sagen würde

Wie komme ich denn bitte zum Dom?
Ein Alt, bitte.
Lukas wer …?
Endlich können wir wieder Fasching feiern.
Als Fahrradfahrer fühle ich mich sehr sicher.
Die Parks werden im Sommer fast zu häufig gereinigt.
Wer ist der Nubbel?
Köbes, ein Alt!
Wow! Ich meine, das könnte ein Umzug von und mit Homosexuellen sein.
Einmal halver Hahn, aber bitte aus der Bodenhaltung.
Helau!
Die schwarzen Füße spielen!
Juhu, wir fahr'n nach Düsseldorf.
Ja, ja, wir Kölsche Verrückten!
Hinter allen Schlössern an der Brücke steckt eine funktionierende Beziehung.
Kölnischwasser schmeckt kühl am besten.
Kardinal Meisner war ein netter Kerl.
Unser Schafsbock heißt Hannes.
Kölner und Düsseldorfer sind Rheinländer.
In Köln steht der längste Tresen der Welt.
Das ist die Kölner Kathedrale.
Die Parkhauspreise sind lachhaft niedrig.
Sicherer wohnt man in Köln-Kalk.
Die werfen Bonbons von den Wägen!
Ich bin eine typische Kölsche Trauerweide.
Da steht eine Ziege auf dem Fußballfeld.
Da tanzt die Funkenmarianne.

Ich will an Karneval lieber nüchtern bleiben und wissen, wen ich da kennenlerne.
Am Dom muss nichts mehr gearbeitet werden.
Schau mal! Ein Junggesellenabschied! Wie drollig!
Weiß-Rot, olé olé!
Ich denke, die Elbe ist viel sauberer.
Frühling, Sommer, Herbst und Winter. Warum?
Schnell, man muss den Nubbel löschen!
Wie aufregend, ich glaube, hier finden Dreharbeitern statt!
Die Regenbogenfahnen stehen für Aprilwetter.
Ein Kölsch schmeckt wie das andere.

9 Dinge, die kein (Fernseh-)Kommissar sagen würde

Das war bestimmt nur ein Unfall.
Bei diesem Fall würde mich der Täter wirklich interessieren. Zu schade, dass ich im Urlaub bin.
Ich muss tierisch auf die Toilette.
Ich kann kein Blut sehen.
Da drücke ich mal beide Augen zu.
Was für eine grausame, unnötige und brutale Ordnungswidrigkeit!
Wenn ich den Mörder nicht schnappe, hat er eben Glück gehabt, was soll's.
Wir sehen uns im Himmel.
Ich komme aus einem sehr elitären Elternhaus.

8 Dinge, die kein Kommunist sagen würde

Ich zahle den Steuerhöchstsatz.
Mein ganzer Respekt gilt den Vereinigten Staaten von Amerika.
Die Runde geht heute auf mich.
Ich habe heute schon wieder sehr viel Mehrwert produziert.
Ich mache nur wegen der Hippiemädchen beim Ostermarsch mit.
Die Palästinenser sind wirklich selber schuld.
Wir möchten uns bei der Einsatzleitung für die kostenlose Dusche bedanken.
Damit hat der amerikanische Geheimdienst garantiert nichts zu tun.

Was Krankenschwestern nicht sagen würden

Ich wollte schon immer einen attraktiven Pfleger heiraten.

5 Dinge, die kein Künstler sagen würde

Das ist gar kein Kunstwerk. Mir ist nur die Farbdose umgefallen.
Ich weiß selber nicht, was ich damit sagen will.
Das Beste an dieser Vernissage ist der Prosecco.
Mein Vater hat mich gedrängt, Kunst statt Jura zu studieren.
Kunst kommt von Unst.

5 Dinge, die kein Lektor sagen würde

Ich selbst habe keinerlei Ambitionen zum Schreiben.
Sie geben einfach Ihr Manuskript ab, wenn Sie so weit sind.
Toll! Wirklich? Sie haben ein Exposé für mich? Ihr erster Roman? Dann her damit!
Der Einkauf im Buchhandel ist geprägt von Know-how im Marketing.
Wir sollten uns nicht darum kümmern, was der Leser will. Interessant ist doch das, was Sie schreiben möchten.

7 Dinge, die kein LKW-Fahrer sagen würde

Immer diese lahmarschigen Audi-RS-Fahrer auf der linken Spur.
Die Speditionen nehmen es mit der Pünktlichkeit nicht so genau.
Wenn ich mir nicht sicher bin, ob ich durch einen Tunnel passe, nehme ich auch einen Umweg in Kauf.
Achtung, Damen! Meiner ist relativ kurz.
Für mich einen grünen Salat und ein stilles Wasser.
Ich schätze die Kollegen aus dem Osten als Fahrer sehr.
Ich nehme grundsätzlich nur Männer mit.

35 Dinge, die kein Lehrer sagen würde

Diesen Lehrstoff braucht ihr nie wieder im Leben.
Schülers, ich geh Schulhof. Ihr tuts hier lernen.
Das Knallgas-Experiment hat leider nicht geklappt. Wir brauchen ein neues Schulhaus.
Das geht alles von meiner Zeit ab.
Glauben heißt wissen.
Wohnmobile sind spießig und unpraktisch.
Wenn nur die scheiß Ferien endlich zu Ende wären.
Noch mehr Freizeit wäre tödlich.
Nachmittags muss ich nicht arbeiten. Da hab ich frei und betrinke mich.
Mehr Kinder mit Migrationshintergrund bringen die gesamte Klasse voran.
Korrigiert habe ich eure Arbeiten schon seit Tagen, ich will euch nur warten lassen.
Legt bitte die Handys vor euch auf den Tisch und tut euch keinen Zwang an, wenn's klingelt.
Jasmin, dein Post auf Facebook war wieder mal urkomisch. Lisa ist wirklich eine blöde Schlampe.
Die Toskana ist albern. Wir fahren jedes Jahr zum Ballermann!
Ich hab auf Lehramt studiert, weil ich schon immer gerne Ferien hatte.
Ihr lernt für mich! Und *nur* für mich.
Nehmen Sie den billigen Flug in die Ferien. Mir ist es egal, ob ihr Kind in die Schule geht.
Ich hau dir kleinem Arschloch jetzt die Kartoffel vom Hals.
Wie viele meiner Kollegen leide auch ich unter chronischem Mundgeruch.
Ich hasse Menschen unter 30 Jahren.

Ich bin meinen Schülern nur einen hauchdünnen Vorsprung im Stoff voraus.

Meine geharnischten Leserbriefe schreibe ich wegen meiner multiplen Minderwertigkeitskomplexe.

Eigentlich wollte ich Tabledancerin werden, aber meine Beine sind zu kurz.

Keine Ahnung, das weiß ich nicht.

Ich bin Kunstlehrer geworden, weil ich null Vertrauen in mein Talent habe.

Geiles Furzkissen! Darf ich mir das ausleihen?

Brauchst du Feuer?

Geiler Stoff, wo habt ihr das her? Buh, haut das rein!

Jaaaaaa, jaaaaaa, jaaaaaaaaaaaaaa HITZEFREI!!! Jaaaaaa!

Ich würde alles genau so machen, wie es unser Schulleiter macht. Allenfalls schlechter.

Dazu habe ich keine Meinung.

Danke für deine wohlmeinende Kritik.

Wir Beamten müssen vergleichsweise zufrieden sein.

Ich bin nur Lehrer und nicht die weltweit führende Koryphäe auf dem Fachgebiet.

4 Dinge, die Mainzelmännchen nicht sagen würden

Wir kommen gerade vom Logopäden.

Gott, ist das wieder ein bescheuerter Dialog. Ich schmeiß jetzt echt bald hin.

Ich geh zur ARD.

Selber Schlumpf, Arschloch!

9 Dinge, die Luden nicht sagen würden

Mach ich, Schatz, gerne!
Du bist aus Russland? Echt jetzt? Wow. Von wo genau?
Wer möchte mit meinem Dackel spazieren gehen?
Sie können gerne später bezahlen. Kann ja mal passieren.
Der größere Teil ist für dich und der kleinere für mich.
Ich kauf mir jetzt einen Fiat 500.
Ich weiß nicht, ob die Technikerkasse die richtige für meine Angestellten ist.
Lust auf 'ne Runde Schach?
Bitte, wenn du unbedingt gehen willst, hier hält dich keiner. Geh einfach.

8 Dinge, die kein Mac-User sagen würde

Mir fehlt nur noch der Druckertreiber …
Hast du die Betriebsanleitung von meinem iPhone weggeworfen?
Klar leihe ich dir mein iPad.
Ich brauch meinen Mac hauptsächlich zum Daddeln.
Jobs war der Prototyp eines Managers. Ich finde Bill Gates viel lustiger.
Eigentlich hätte ich lieber einen PC.
Ich hab mein iPhone schon tagelang nicht mehr aufgeladen.
Ich find sogar das Design von Mac Rib schön.

33 Dinge, die Männer nicht sagen würden

Da habe ich keine Ahnung, das kann nur der Bundestrainer beurteilen.
Ich übernehme die volle Verantwortung für die Flecken auf der Toilette. Das war ich.
Ich habe bereits sehr frühzeitig ein Weihnachtsgeschenk erstanden.
Lass uns doch lieber spazieren gehen.
Ich frag lieber mal nach dem Weg.
Ich habe das kaputte Elektrogerät auseinandergebaut, den Fehler gefunden und wieder zusammengebaut. Jetzt geht es wieder.
Ich würde gerne mal wieder einen Film mit Antonio Banderas sehen.
Blowjob? Ne, lieber nicht. Aber danke für das Angebot.
Liebling, ich wünsche dir von Herzen alles Gute zum Namenstag.
Schatz, ich hab hier mal schnell feucht rausgewischt.
Nimm doch du die Fernbedienung.
Ich gehe auf jedes Konzert von Helene Fischer.
Kannst du mich bitte mal in den Parkplatz reinwinken?
Ich würde gerne noch ein bisschen länger mit dir telefonieren.
Diesen Samstag würde ich mir gerne mal Mona Lisa im ZDF ansehen.
Wann kommt endlich das neue Album von Justin Bieber raus?
Ich treffe mich heute Abend mit meinen Freunden, wir wollen uns zusammen Synchronschwimmen anschauen.
Was soll ich bloß anziehen?
Schatz, würdest du es sexy finden, wenn ich heute ohne Unterhose ausgehen würde?

Mir ist dein neuer Haarschnitt sofort aufgefallen.
Was denkst du gerade?
Wir müssen auch ein bisschen Gemüse für den Grillabend besorgen.
Ich habe vergessen, Bier einzukaufen.
Ich habe gerade deine Mutter angerufen und soll dir Grüße von ihr ausrichten.
Ich finde deine lesbischen Freundinnen ganz entzückend.
Dr. Hauschka hat ein neues Gesichts-Tonikum herausgebracht.
Vergiss bitte nicht, den Kristall ins Wasser zu legen.
Angelina Jolie hat prächtig geschwungene Nasenflügel.
Gerne auch was mit Fransen.
Kann ich wieder schauen oder ist es noch gruselig?
Sowas regelt man doch einfach mit einem Glas Sekt und dann ist alles wieder ok.
Meine Hobbys sind reiten, schwimmen und lesen
Teilen wir? Du bestellst das Zucchinirisotto und ich die gemischte Platte von Grünkernbratlingen?

6 Dinge, die kein Mann kurz vor der Kneipenschlägerei sagen würde

Aber nicht in die Haare!
So zornig siehst du hübsch aus.
Aber nicht so fest!
Komm her, du Arsch, ich bin Bluter!
Du brauchst dringend ein Minzbonbon.
Vorsicht! Ich kann Shiatsu!

13 Dinge, die Manager nicht sagen würden

Ich würde gerne mit Ihnen über eine Gehaltserhöhung sprechen.
Sie arbeiten mir zu viel.
Wir sollten die Positionen tauschen.
Ich werde mich ganz nach unten schlafen.
Was wir jetzt ganz und gar nicht gebrauchen können, sind Visionen.
Ich glaube nicht mehr an unsere Firma.
Nachhaltigkeit – sagt mir persönlich jetzt gar nichts, dieses Wort.
Den Bonus hat mein Team verdient und nicht ich.
Für diesen Fehler gehöre ich gefeuert.
Bitte denken Sie an Ihre Familie.
Es ist mir unerklärlich, warum ausgerechnet ich zum Chef befördert wurde, obwohl Sie viel besser sind als ich.
Rendite allein macht auch nicht glücklich.
Punks not dead.

6 Dinge, die kein Matrose sagen würde

Ich halte Tätowierungen für Körperverletzung.
Ich kann ausgezeichnet schwimmen.
Ich lehne jede Form der Prostitution ab.
Ich bleibe lieber zu Hause bei meiner Familie.
Ölzeug steht mir nicht.
Privat habe ich einen Optimisten auf der Außenalster.

9 Dinge, die kein Mathematiker sagen würde

Meine große Liebe gilt den Primzahlen und dem Salsa-Tanz.
Ich arbeite nebenbei noch als Fotomodell.
Ich finde, es sollte kein Richtig oder Falsch geben.
Ich gebe nebenbei Flirtkurse.
Schatz, du glaubst nicht, was für eine unglaublich spannende Geschichte mir heute in der Arbeit passiert ist.
Schon wieder endete mein Date in einem Dreier. Na prim!
Den Dreisatz braucht man nie mehr im Leben.
Zahlen sind hässlich.
Physik ist die exaktere Wissenschaft.

6 Dinge, die kein Matratzenverkäufer sagen würde

Hier, der Fleck kommt glaube ich von meinem Chef.
Das ist unser Modell für Bucklige.
Soll ich es Ihnen einpacken?
Wir machen hier grundsätzlich keinen Räumungsverkauf.
Für Ihren Rücken ist es piepegal, welche Matratze Sie benutzen.
Bei IKEA gib es auch eine gute Auswahl!

6 Dinge, die kein Mercedes-Fahrer sagen würde

Mir ist ein BMW einfach zu schnell und zu sportlich.
Ich höre hauptsächlich Death Metal und Punk.
Als Mercedes-Fahrer hat man es nicht leicht, sich sein Recht im Straßenverkehr zu erkämpfen.
Wichtig ist, dass ein Auto fährt. Der Rest ist doch egal.
Schön, so viele ambitionierte Radfahrer vor mir.
Sicherheit finde ich nicht so wichtig, mir geht es um den Thrill.

7 Dinge, die kein Millionär sagen würde

Ich bin wirklich froh über den deutschen Sozialstaat.
Ich wähle neuerdings die Linken.
Ich weiß, dass die junge Blondine nur mein Geld cool findet.
Die erste Million war am leichtesten.
Hoffentlich finden Sie noch mehr CDs mit Steuersündern.
Erbschaftssteuer finde ich gerecht.
Lieber arm ab, als reich dran.

6 Dinge, die kein Mönch sagen würde

Ich hab so Lust auf Sex.
Ich möchte dich zu meinem Junggesellenabschied einladen.
Ich trink Ouzo, was trinkst du so?
Der Abt hat einen hübschen Bauch.
Meine Schwiegermutter kommt zu Besuch.
Lasko ist sehr nahe an der Realität.

10 Dinge, die kein Mitbewohner sagen würde

Wir sollten die Pfandflaschen sofort zurückbringen.
Es riecht irgendwie so frisch in unserem Kühlschrank.
Es wäre toll, wenn ihr beim Sex noch etwas mehr aus euch herausgehen könntet.
Ich hab deine Milch ausgetrunken.
Ich habe aus Versehen abgespült, obwohl ich nicht dran war.
Mein guter Whiskey ist Allgemeingut der WG.
Geht denn das Bier im Kühlschrank nie aus?
Der Putzplan ist sehr zu meinen Gunsten ausgefallen.
Braucht von euch jemand Geld von mir?
Schon wieder Frauenüberschuss. Ladet auch mal Jungs ein, o.k.?

13 Dinge, die Modeverkäufer(innen) nicht sagen würden

Das dauert noch ewig, bis ich bei Ihnen bin.
Das Kleid betont sehr schön Ihre Problemzonen.
Das können Sie niemals zu einer Jeans anziehen.
Das ist hip, jung und modern. Dafür sind Sie nicht der Typ.
Das war vorletztes Jahr in New York schon out.
Bei Ihren Beinen würde ich gar keinen Rock empfehlen.
An dem Ständer brauchen Sie gar nicht zu schauen, das können Sie sich nicht leisten.
Da hilft auch ein Push-up-BH nicht mehr.
Damit sehen Sie zehn Jahre älter aus.
Ihnen steht wirklich nichts.
Die fällt nicht klein aus, Sie sind nur dick.
Probieren Sie das erst gar nicht.
Das passt nicht mal, wenn wir es hier weiter machen.

6 Dinge, die kein Monster sagen würde

Ahhhh! Ich hab Angst! Ich glaube, über mir liegt ein Kind im Bett!

Ha-ha-hatschi! Die könnten hier auch mal drunter durchsaugen.

Mann, hast du mich jetzt erschreckt.

Ich muss zum Friseur.

In einen Schrank bringen mich keine zehn Pferde.

Er steckt mir neuerdings Schmuddelhefte zu!

4 Dinge, die kein Motodromfahrer sagen würde

Mir ist schlecht.

Morgen fahren wir mal linksrum, o.k.?

Ich will mal ins Grüne.

Setz wenigstens den Blinker!

3 Dinge, die MSV-Duisburg-Fans nicht sagen würden

Berlin. Berlin. Wir fahren nach Berlin.

Finale. Oooooooh. Finale. Ooooooooh.

Einer geht noch. Einer geht noch rein.

34 Dinge, die kein Münchner sagen würde

Ich finde einfach niemanden, der meine Altbauwohnung in Schwabing mieten möchte.
Der Makler möchte auch sozial Schwächeren eine Chance geben.
Ich habe schon sehr lange keine Polizisten mehr gesehen.
Der Döner ist wirklich riesig und unverschämt günstig.
Wir leben seit Jahren völlig unbehelligt in einem besetzten Haus.
Moin, Moin.
Diese Gegend würde ich nachts lieber meiden.
Ich steige um am Karlsplatz.
Ich würde gerne einen Liter Bier bestellen.
Treffen wir uns um 12 Uhr zum Weißwurstmittagessen bei mir?
Ich war noch nie am Gardasee.
Das ist erstaunlich, wie sauber eure Gehwege hier in Berlin sind. Gibt es denn hier gar keine Hunde?
Ich hab mich in einen Berliner Taxifahrer verliebt.
Wer ist denn bitte so bescheuert, dass er einen Tisch in einem Club reserviert?
Verkaufen Sie auch Brötchen mit Fleischkäse?
Die Jungs vor dem McDonald's am Stachus sehen aber süß aus.
Das Abitur war wieder mal wirklich vergleichsweise leicht.
Ja nett, dass Sie fragen. Ich hätte sehr gerne ein Probe-Abo der SZ.
Unser Flughafen hat auch jahrelang zu spät eröffnet.
Könnte ich zwei Halbe in einem Glas haben?
Wir treffen uns später vor dem Rathaus.
Jetzt mal Butter bei die Fische, Freunde.

Nürnberg ist eine schöne Alternative.
Münchner BWL-Studenten sind ganz natürliche, sympathische Typen.
Nimm halt den Transrapid.
Jetzt haben die Bayern schon wieder gelost.
Die Maxvorstadt und ihre neureichen Hipster.
Welche Bombe in Schwabing?
Meister Eder war Elektriker.
Lasche Bullen hier.
Dann legst du sie auf den Rost und wendest die Weißwurst nach etwa fünf Minuten.
Die Föhnlage? Im Bad, vermutlich.
Als Nachfolger von Pep Guardiola sehe ich nur Lothar Matthäus.
Straßenbahn.

8 Dinge, die keine Musikband sagen würde

Also das Publikum war noch nie so schlecht wie hier.
Es ödet uns an, heute hier spielen zu müssen!
Es geht euch nichts an, wie der Bassist heißt.
Das ist gemein! Warum seid ihr beim Stage-Diving zur Seite gesprungen?
Wehe, ihr klatscht die Hände zusammen.
Wir spielen heute nicht ein einziges Stück unseres neuen Albums.
Kommt scheiße nach Hause.
Lasst nur Jungs auf die Bühne, o.k.?

19 Dinge, die keine Mutter sagen würde

Bitte fühl dich wie im Hotel.
Ich fühle mich so gut, ich hatte gerade geilen Sex mit Papa.
Schielen ist gut für die Augenmuskulatur.
Im Maß ist noch Platz!
Wie kannst du den Fernseher nur sehen, wenn du so weit weg sitzt?
Nur Weicheier nehmen Mützen mit. Ich will, dass du lernst, mit Kälte zu leben.
Wofür genau lernst du das alles eigentlich?
Stütz dich ruhig mit den Ellenbogen ab beim Essen, wenn du müde bist. Hauptsache, du hast es bequem.
Wer mir noch mal was aus Fimo schenkt, fliegt.
Bitte iss immer so schnell, wie du kannst.
Ich hab das Zauberwort vergessen.
Ich mag das Geräusch, wenn du mit deinen Gelenken knackst.
Ich bin heilfroh, wenn ich keine Enkel bekomme.
Versuch doch mal unter der Decke zu lesen, das trainiert die Augen bei Dunkelheit.
Du solltest mit deinen Freunden auch mal Bier ausprobieren.
Wenn dein Freund Sex mit dir haben möchte, dann stell dich nicht so an.
Komm du mir ja nicht mit einem negativen Schwangerschaftstest nach Hause, mein Fräulein.
Rein in die Pfütze mit dem Socken!
Nicht so harmonisch. Mehr wie Netzer und Delling.

8 Dinge, die Musikliebhaber nicht sagen würden

Stell die Platte irgendwo wieder rein. Die sind nicht geordnet.
Klar, nimm einfach mit, was dir gefällt.
Ich war noch nie auf einem Konzert von der Band.
Ich kaufe meine Platten immer nur bei Amazon.
Wichtig ist doch, dass man richtig darauf abzappeln kann.
MP3 oder Vinyl ist doch egal, es kommt doch mehr auf die Lautstärke an.
Das Cover ist doch völlig egal.
Ein paar Kratzer machen die Platte eher authentisch.

8 Dinge, die kein Navigationssystem sagen würde

Ich kann so nicht arbeiten.
Jetzt bieg halt endlich ab, du Depp.
Den schaffst du noch locker, gib Gas.
Hier war ich halt auch noch nie in meinem Leben.
Biegen Sie rechts ab auf den Parkplatz, ich muss dringend mal aufs Klo.
Lass mich raus. Halt sofort an und lass mich raus!
Dann schalt halt dein scheiß iPhone ein, Kollege.
Wenn du Geld für ein Update für mich spendiert hättest, hätte ich eine neue Autobahn-Ausfahrt für dich gehabt.

13 Dinge, die Nachbarn nicht sagen würden

Ich habe für Sie zusätzlich noch eine Tageszeitung abonniert.

Möchten Sie Ihre Forellen nicht lieber über meinem Grill räuchern?

Danke, dass Sie beim Sex das Fenster offen lassen, da muss ich meine Kinder nicht mehr aufklären.

Ich hab Ihre Kirschen gepflückt, damit Sie nicht extra in unseren Garten kommen müssen.

Können Sie bitte ein bisschen lauter streiten, wir haben nicht alles verstanden.

Nett, dass Sie meinen Parkplatz mit Ihrem Auto besetzen.

Wenn ich Sie nicht hätte – mir wären die wichtigsten Einsichten in das Deutsche Zivilrecht niemals klargeworden.

Schön, dass Ihre Kinder morgens fleißig herumrennen. Da wissen wir wenigstens, dass sie nicht über Nacht erkrankt sind.

Könnten Sie Ihrem Hund sagen, er möchte bitte nicht aufhören mit dem Bellen? Wir fühlen uns dann weniger alleingelassen.

Soll ich Ihnen Kaffee zu meiner Zeitung bringen?

Fetter Beat. Geht da noch was nach oben?

Ihre Kinder bewegen sich auffallend langsam.

Mich beruhigt der Klang von schreienden Babys.

3 Dinge, die kein Neonazi sagen würde

Schatz, fährst du bitte den Levi zum Bushido-Konzert!
Nein, ich würde nicht sagen, ich bin politisch rechtskonservativ. Ich bin wirklich ein Nazi.
Oh, ich dachte immer, das kommt von neon?

Was Neugeborene nicht sagen würden

Hallo?

5 Dinge, die kein Neuwagenverkäufer sagen würde

Lassen Sie sich Zeit. Da kommen bestimmt noch viel günstigere Angebote.
Der tatsächliche Verbrauch eignet sich, um den Dreisatz zu üben.
Sie gehen jetzt spazieren, dann ist der Wagen bereit zum Mitnehmen.
Da ist die Konkurrenz natürlich deutlich besser.
Über Wertverlust spreche ich nicht mit Ihnen.

3 Dinge, die Nordic Walker nicht sagen würden

Falls ich zu schnell werde, kann ich mit den Stöckchen bremsen.
Wieder ein Papierchen aufgespießt!
Wird Nordic Walking irgendwann olympisch? Oder wenigsten paralympisch?

18 Dinge, die kein Nerd sagen würde

Ich bin Veganer.
Ich bin bis Ende nächster Woche nicht erreichbar.
Ah, frisch geduscht!
Meine Freundin …
Klar gehört das Faxpapier zu meinem Aufgabenbereich.
Ich hab mir einen Anzug schneidern lassen.
Ich mag keine Kartoffelchips und ich hasse sowohl Pizza als auch Cola.
Wartet, ich hab meine Sonnencreme vergessen.
Der Serverraum ist unterkühlt!
Unser Netz läuft stabil.
Dafür kann weder der Provider noch der Netzanbieter was, sondern nur ich.
Auf dieses Lied tanz ich noch, dann kannst du mich abschleppen, wenn du willst.
Warum habt ihr denn noch nicht alles auf Windows 8 upgegradet?
Ich geh jetzt mal kurz in den Park.
Ups. Hihi, der Stecker, ich Idiot.
Anschließend hebst du den Eischaum ganz vorsichtig unter.
Du, ich muss jetzt zu meiner Freundin.
Und dann hab ich dem Typ satt eine auf die Zwölf gegeben.

42 Dinge, die kein Niedersachse sagen würde

Stau auf der A2? Glaub ich nicht.
Servus und Grüß Gott!
Hodenhagen. Hoden! Hagen! Hihihi.
Hannoveranisch ist ein komplizierter Dialekt.
Die Serengeti wurde dem Park in Hodenhagen nachempfunden.
Auf dem Brocken wird am 30. April Halloween gefeiert.
Schön, ein Schiff aus der Meyer Werft!
Der schiefe Turm von Suurhusen: Das Vorbild für Pisa.
Otto? Hm. Ahhh, der Schily!
Tee ist was für Briten und Kranke.
Im Steinhuder Meer gibt es Haie.
Keine Sorge, wir treffen uns am Maschseefest schon irgendwo.
Lass uns Krabben schälen.
Gott hatte ich Angst im Dinosaurierpark Münchehagen!
Wolfsburg ist bekannt für seine berühmten Motorräder.
Wieder mal geiles Wetter gewesen – den ganzen November.
Sobald ich 18 bin, zieh ich nach Osnabrück!
Man sieht sehr selten Menschen in Funktionsjacken.
Die Anonymität in niedersächsischen Großstädten ist beängstigend.
Die haben hier ein neues Skigebiet eröffnet!
Wattwürmer liefern Strom.
Die Adelsfamilien spielen in Niedersachsen keine Rolle im Boulevard.
Diese Windstille macht einen verrückt.
Die Bayern sind klüger als wir Nordlichter.
Braunschweig ist eine schöne Alternative zum Wohnen und Arbeiten.

Berlin, Hamburg, München, Lüneburg. Da tobt das Leben.
In Wilhelmshaven können nur sehr kleine Frachter anlegen.
Im Stones-Museum in Lüchow-Dannenberg trifft man ziemlich oft Mick Jagger.
Es empfiehlt sich ein Nickerchen während der Wattwanderung zu machen.
Wir mögen es, von den Bayern als Preussen oder Saupreiss'n bezeichnet zu werden.
Ja, in Niedersachsen sprechen wir Plattdeutsch. Auch in Hannover.
Die Helmut-Schmidt-Mütze hat hier jedermann im Schrank.
Wir heiraten ausschließlich auf Leuchttürmen.
Urlaub ist ausschließlich in Dänemark möglich.
Ich mag Schietwetter.
Wir bekommen unser Abi quasi geschenkt.
Prinz Albert von Hannover ist so ein verdammt cooler Typ.
Was ist ein Flachköpper?
Ein Besuch in Wacken lohnt sich das ganze Jahr.
In Grünkohl mit Pinkel ist Urin.
Wenn in Braunschweig Grünkohl Braunkohl heißt, wie heißen dann da die Grünen?
Schau dir diesen wunderschönen Windpark an!

19 Dinge, die kein Nürnberger sagen würde

Na, ich brauch fei kann Schnabbs, der Brodn wor gor ned su fedd.

Na, ich schaumer fei läiber die Bayern o schdadd in Glubb.

Songmer mol a su: erfunden hom däi Nembercher Broodwärschd ja eingdli die Rengsburcher.

Schwäbisch is fei a schäi.

Des Minchner Bäier is fei goud, odderned?

Unser Verkehrsminisder, der Rammsauer, der is fei a ganz a kombedender und baddender Mo.

Frau, doumeramol a bor Scheim Zucchini af'n Grill draf, sei su goud.

Haumernerabbdu mid deini Lebkoung.

Hellowien hod bei uns a ganz al lange Dradizioon.

Dennersmer fei fo meim Scheiferler di Grusdn ro, sinns su goud.

Na, des sin kanne Weggler ned, des sin Brödttchen.

Dednsmir aweng a Kedschab af mei Woschdweggler draff?

Na, mir is fei-heid-gorned nach am frängischn Freibier.

Ach schäi, dou kummd a neier Meggdonnlds hi.

In mein Kadofflsolod dou ich immer a nadifs Olivm-ll nei.

Ich maan des wor eds ich, der dou an drumm Schiess hod fohrn lassn.

Die Ferdder[1] Aldstdadt is fei iberhabdsned schäi. Ober mir meengs drodsdem, däi Ferdder.

Des is gor ned su bläid, wos däi dou vodder Dse-de-u soong-denner.

Hobder-heid-a er Öddinger dou? Odder hedder sugor ans im Sonderongebood fier miech?

---

1 Fürther

8 Dinge, die Ökos nicht sagen würden

Wir kommen vom Donald-Rumsfeld-Fanclub Gelsenkirchen.
Wir demonstrieren mit unserem Sitzstreik für den Einsatz von modernen Militärdrohnen.
Wir fordern günstiges Schweinefleisch.
Der polizeiliche Einsatz von Wasserwerfern ist angesichts der hygienischen Defizite vieler Demonstranten angemessen.
Die Frösche müssen sich bei ihren Wanderungen eben an das erhöhte Verkehrsaufkommen anpassen.
Ich hätte gerne ein McRib-Menü mit FischMac und 20 Chicken McNuggets.
Alles unter 3.0 Liter Hub ist kein Motor.
Wer fährt mit nach Hockenheim, Gummi lassen?

11 Dinge, die keine Oma sagen würde

Ich heiße Lea-Savannah.
Möchten Sie sich gerne hier hinsetzen?
Am Ostersonntag schaue ich immer Dschungelcamp.
Florian Silbereisen ist doch ein übler Spacko, oder?
Ich kann das Thema Krankheiten nicht mehr hören.
Lotto spielen ist doch nur was für absolute Vollidioten.
Je älter ich werde, desto weniger glaube ich an Gott.
Opa wäre stolz auf dich gewesen, wenn er noch miterleben hätte können, dass du im Erotikgeschäft so groß rauskommst.
Also diese ganzen Witze von Opa habe ich auch noch nie gehört.
Ich gehe hernach zur Beckenbodengymnastik.
Du darfst dir über meinen iTunes-Account für 20 Euro Musik downloaden.

42 Dinge, die Österreicher nicht sagen würden

Wir freuen uns über den Sieg unserer Fußballnationalmannschaft.

Guten Tag.

Adolf Hitler war eigentlich ein Österreicher.

Das ist nicht so schlimm, dass Sie kein Pickerl haben. Bei Piefkes drücken wir da schon mal ein Auge zu.

12 Punkte beim Eurovision Song Contest gehen an Deutschland.

Einen Kaffee mit Rum und Schlagsahne drauf.

Die Pisten in Tschechien sind nicht schlecht und der Service ist allgemein besser.

Schlagsahne bitte!

Erstmal eine Weinschorle gegen den Durst.

Wenn Deutschland Weltmeister sind, freut uns das ja auch sehr.

Leinwand!

Wir Wiener mit unserem Wiener Charme!

Tschüssi!

Niki Lauda war ein hervorragender Libero.

Ich brauche noch Hackfleisch, Aprikosen, Blumenkohl, Feldsalat und Auberginen.

Kottan war die Serie mit einem Fahrradkurrier.

Wir würden uns sehr gerne in Deutschland eingliedern.

Einen Milchkaffee!

Ski-Touristen sind mehr als eine Einnahmequelle und die Möglichkeit für schnellen Sex.

Es fehlen Holländer auf den Pisten.

Für die Autobahn muss man in Österreich einen Aufkleber kaufen.

Starbucks setzt die Wiener Kaffeehaustradition sehr gekonnt fort.
Tach auch!
Die Pummerin wird geschlagen. Die Arme.
Ich spreche Hochdeutsch, ich Schluchtenscheißer.
Titel werden absolut überbewertet, Herr Hofrat.
Das interessiert mich einen Pfifferling.
Tiroler oder Wiener – da ist kein Unterschied.
Ein berühmter Österreicher … Josef Fritzl vielleicht …
Der Wein ist von diesem Jahr.
Sissi war eine deutsche Kaiserin.
So ein zerrissener Pfannkuchen ist eine feine Sache.
Lecker! Dampfnudeln!
Wir Wiener sind alle ein bisschen wie Hans Moser.
Sicher, jeder Österreicher trägt einen Tirolerhut.
So, ich setz mich jetzt in den Coffeeshop.
Ich dachte, Christoph Waltz sei Deutscher.
Der Gouverneur der Steiermark heißt Schwarzenegger.
Mozart, der berühmte Sohn Wiens.
… und dazu einen schönen Silvaner!
Jörg Haider war ein sehr integerer Politiker.
Ein berühmter österreichischer Stürmer? Am ehesten noch Hitler.

4 Dinge, die Paare während der Trennung nicht sagen

Es liegt nicht an mir, es liegt an dir!
Du hast zu wenig geklammert.
Ich will einfach ein bisschen weniger Zeit für dich, verstehst du das?
Sag das bitte auch vor den Kindern.

7 Dinge, die kein Opa sagen würde

Uns ging es früher viel besser als den armen, jungen Leuten heutzutage. Die müssen so hart arbeiten.
Wir wussten immer von den KZs, aber es war uns egal.
Könnt ihr nicht mal leiser reden?
Ich will unbedingt brandneue Designermöbel für unser Wohnzimmer.
Den Glööckler finde ich richtig sexy.
Musikalisch mag ich am liebsten Techno und Ambient.
Die Suzuki Hayabusa, die wäre was für uns, Traudl.

5 Dinge, die Ossis nicht sagen würden

Uns ging es ja früher richtig beschissen.
Die Wessis haben so unglaublich viel für uns getan. Dafür möchte ich am liebsten jeden einzelnen umarmen.
FKK ist ekelhaft.
Man kann über die DDR sagen, was man will, aber wir hatten echt geile Autos.
Das haben wir alles David Hasselhoff zu verdanken.

4 Dinge, die kein Paparazzi sagen würde

Entschuldigung, dürfte ich kurz ein Foto von Ihnen und Ihrem außerehelichen Liebhaber beim Liebesspiel anfertigen?
Meine Beliebtheit wird nur noch von der Regelmäßigkeit meiner Arbeitszeit übertroffen.
Jetzt zieht halt mal eure Vorhänge zu, ihr Exhibitionisten.
Nicht wackeln!

5 Dinge, die keine Parfumverkäuferin sagen würde

Damit verjage ich im Garten die Schnecken.
Mit dem Duft locken Sie höchstens Wale an.
Ich persönlich rieche am liebsten nach Schweiß.
Dieses Wässerchen können Sie auch trinken.
Diesen Duft trägt nicht mal die Putzfrau von Jennifer Lopez.

7 Dinge, die Peter Zwegat nicht sagen würde

Wenn Sie sich den Kauf nicht leisten können, dann können Sie es doch leasen.
Wenn Sie jetzt Schulden machen, dann hilft Ihnen die Inflation.
Sie sollten eine größere Investition tätigen, damit wir da was abschreiben können.
Gönnen Sie sich halt mal was. Bali soll zum Beispiel sehr schön sein.
Wofür genau haben Sie Ihren Wirtschaftsnobelpreis bekommen?
Ratenzahlung ist eine wunderbare Sache.
Aha … und was haben Sie dann nach dem Studium gemacht?

9 Dinge, die kein Pfarrer sagen würde

Ich kriege fast einen Pumpenflash, wenn die ganzen Hobbits hier ihren Scheiß beichten.

Ich wünsche all meinen Schäfchen eine superpornöse Woche.

Ich rate dir, mein Sohn, hau dem Spacken in die Eier.

Im Namen der Mutter, der Tochter und der heiligen Geistin, Amen.

Sonntags arbeiten, ich könnte kotzen.

Ach hören Sie mir doch auf mit dem ewigen Gejammer.

Und jetzt die ganze Gemeinde: Wir war'n geboren, um zu leben, mit den Wundern jener Zeit …

Also die Ferres würde ich auch nicht von der Bettkante stoßen.

Ich habe fertig.

4 Dinge, die kein Pfarrer bei einer Trauung sagen würde

Du wirst dich ab jetzt umschauen, Sportsfreund.

Verdammt, heute stehe ich aber echt mal wieder auf der falschen Seite des Altars.

Du weißt schon, dass die später mal genauso aussehen wird wie ihre Mutter, mein Sohn.

Ich darf den Trauzeugen jetzt küssen.

3 Dinge, die Pferdemädchen nicht sagen würden

Ab in den Hänger, sonst läufst du in die Wurst, mein Freund.

Ich liebe Fohlen! Mit ein bisschen Parmesan und dazu einen schönen trockenen Weißen.

Ich weiß noch nicht … vielleicht Metzgerin. Na, Hauptsache, ich mach was mit Wurst.

8 Dinge, die Philosophen nicht sagen würden

Die Antwort lautet 42.

Sloterdijk? Sloterdijk. Ja! Ist das nicht der Lehrer von Harry Potter?

Nach meinem Studium habe ich sofort eine Stelle als Unternehmens-Philosoph bekommen und gutes Geld verdient.

Wir können diese interessante Frage auch auf meine Art lösen: mit den Fäusten.

Ich lese gern und viel. Kant. Baudrillard. Auch Neuscholastiker. Jacques de Bivort de la Saudée, meine ich. Und alles von Stephenie Meyer und Peter Grünlich.

Den Sinn des Lebens definiere ich ausschließlich als ein Werk Monty Pythons.

Hä? Kapier ich nicht, das ist mir zu hoch.

Ich habe noch nie in meinem Leben als Taxifahrer gearbeitet.

5 Dinge, die kein Physiker sagen würde

Wenn die Welt untergeht, dann ist sicherlich CERN schuld.

Ich finde es ungerecht, dass Mathematiker keinen Nobelpreis gewinnen können.

Dann erzählen Sie mir mal, wie Sie in der Schule in Physik waren.

Alternativ könnte ich mir eine Karriere als Modezar vorstellen.

Die langhaarige Person im Hörsaal ist hundertprozentig eine Frau.

7 Dinge, die kein Pilot sagen würde

Liebe Passagiere. Herzlich willkommen aus dem Cockpit. Hier spricht Ihr Kapitän. Machen Sie sich bereit für den Aufprall. Heute landet meine Co-Pilotin.

Die Beziehungen zu den Stewardessen sind rein geschäftlich.

Es regnet stark. Wir werden gleich auf dem Flughafen von Frankfurt notwassern.

Bitte bleiben Sie so lange sitzen, bis der Kapitän die Überreste des Flugzeugs nach der harten Landung zum Gate geschafft hat.

Ich habe Höhenangst.

Wir fliegen in einer Flughöhe von 33 000 Fuß, das entspricht 86 Euro und 15 Cent.

Noch jemand ein Weg-Bier?

6 Dinge, die das Playboy-Magazin & seine Leser nicht sagen würden

… und anschließend den Eischnee einfach unterheben.

Nadia ließ ihre komplette Bekleidung sowie Schal, Mütze und Mantel an.

Ich hab das Interview noch nie gelesen, ich schau nur die Bilder an.

Wir distanzieren uns förmlich von alten, peinlichen Lustgreisen in protzigen Villen.

Mollige Mädchen sind gesünder und besser gelaunt.

Hier unsere politische Ecke, die wir mit einem Beitrag über Femen starten wollen.

5 Dinge, die Playmobilmännchen nicht sagen würden

Hat jemand meinen Kamm gesehen?

Schnips.

Ich bin verliebt bis über beide … Jedenfalls bin ich verliebt.

Ich bin gut in Liegestützen machen.

Selber Schlumpf, Arschloch!

3 Dinge, die Polen nicht sagen würden

Wir haben nichts gegen deutsche Saisonarbeiter.

Ich lege Wert auf eine korrekte Abführung von Zöllen.

Ich fürchte, da bin ich zu teuer.

9 Dinge, die kein Politiker sagen würde

Für das tolle Wahlergebnis möchte ich zuallererst meinem PR-Berater und meinem Rhetoriktrainer danken.
Brüssel ist mein eigentliches Karriereziel.
Das war kein Wahlversprechen, sondern ein Wahlversprecher.
Auch mein Doktortitel ist bald fällig.
Ich haue Ihnen jetzt gleich auf die Fresse, Frau Kollegin.
Der Brüderle ist halt ein aufgeschlossenes Kerlchen.
Ich kann den Standpunkt der Opposition ebenso gut vertreten.
So, ich löse jetzt mal den Nahostkonflikt.
Dazu habe ich keine Meinung.

5 Dinge, die kein Polizist sagen würde

Die Fahrzeugpapiere, bitte. Haben Sie etwas getrunken? Fahren Sie jetzt bitte schnell nach Hause und schlafen Sie Ihren Rausch aus.
Sie sind gar nicht über die rote Ampel gefahren? Dann muss ich mich wohl getäuscht haben. Tut mir leid.
Ich war immer auch RAF-Sympathisant.
Los, wir haken uns doch nur ein bisschen unter.
Da sitzen drei Chinesen mit einem Kontrabass.

31 Dinge, die man im Pott nicht sagen würde

Zwei Fleischpflanzerl bitte!
Das hier ist mein Kollege aus dem Bergbau, der Jan …
Toto und wer? Ich kenn nur Toto und Lotto.
Fiege? Hat da jemand ein L vergessen?
Im ganzen Pott – nicht eine Baustelle.
Das WAT-Kennzeichen ist wunderschön.
Mit der Schalke-Bahn fahr ich zum BvB am liebsten.
Grönemeyer … Ist das nicht der berühmte Arzt?
Das heißt »rewirpowerStadion« und nicht »Ruhrstadion«!
Egal, ob Bochumer, Schalker oder Dortmunder – wir sind einfach unzertrennlich!
Dr. Stefan Jox möchte ich als Kumpel. Obwohl meine Frau auf ihn steht.
Kölsch Alaaf!
Nimm die A42, da geht's am schnellsten.
1848 – das ist doch ein spanischer Schnaps, oder?
Das Terminal am Bochumer Hauptbahnhof: Das ist Kunst und kein Klo!
Die Pommes mit Ketchup und Mayo, bitte.
Der Ruhrpott gilt als die Schweiz Deutschlands.
Hör mal bitte …
Unterhose.
Was soll da drin sein? Pütt?
Ich mag den Gelsenkirchener Fußballverein
»Signal-Iduna-Park« ist viel schöner als »Westfalenstadion«.
Was ist jetzt!?
Ich trinke ein kleines Pilschen.
Wer ist eigentlich dieser »Ker«?
Ole, Ole, Ole FC Bayern …

Kölsch oder Alt, ist beides sehr lecker.

Am besten grillt man auf dem Elektrogrill. Kein Rauch, weniger ungesund.

Oh, ein Bonbon!

Ja, die Essener Fastnacht, ist schon verrückt!

Ich hab mich im Wald hinter unserem Haus verlaufen.

5 Dinge, die kein Post-Mitarbeiter sagen würde

Da hätten Sie das Paket schneller selber zustellen können, bevor Sie sich hier anstellen.

Klaro, das Päckchen gebe ich Ihnen auch ohne Ausweis.

Ich lasse den Schalter noch ein Weilchen für Sie auf.

Wer hier nicht extrem kundenfreundlich arbeitet, der fliegt.

Wir haben die Preise gesenkt.

6 Dinge, die Pornodarsteller(innen) nicht sagen würden

Iihhh! So was mach ich nicht.

Es tut mir leid, aber wir müssen diese Fragen stellen.

Wie war das im Mittelteil?

Wir sollten nichts überstürzen.

Ist es dir überhaupt ernst?

Fertig! Erster!

5 Dinge, die kein Professor sagen würde

Die Kackbratzen in den hinteren Reihen sollten auch mal ihren Denkmuskel betätigen.

So, ihr Opfer, ich geh jetzt auf'n Cheese zum Schachtelwirt und wir sehen uns morgen wieder.

Das wissen Sie vermutlich besser als ich.

An Ihrer Doktorarbeit gibt es keinerlei Beanstandungen.

Endlich können meine Studenten ihre ehrliche Meinung über meine Vorlesung tweeten.

5 Dinge, die keine Prostituierte sagen würde

Nimm bitte den Müll mit runter!

Woran denkst du gerade?

Ist das da Lippenstift an deinem Kragen?!

Na toll. Das war's schon wieder, oder was?

Du solltest dir mal wieder die Nasenhaare schneiden.

5 Dinge, die keine Putzfrau sagen würde

Das habe ich kaputt gemacht. Das würde ich gerne ersetzen.

Den Fleck kriege ich bestimmt nicht raus.

Heute habe ich mal wieder länger gemacht als vereinbart.

Ich habe einfach mal den Kühlschrank von innen geputzt.

Ich bin eine staatlich geprüfte Reinigungskraft.

8 Dinge, die Proleten nicht sagen würden

Ich kaufe mir jetzt einen Toyota Prius. Der verbraucht nur drei Liter.

Ich möchte gerne einen halbtrockenen Jahrgangsperlwein bestellen.

Ich muss nicht arbeiten, ich verdiene genug durchs Automatenspielen.

Ich finde T-Shirts mit vermeintlichen humoristischen Aufschriften wie »Ich bin über 30 – bitte helfen Sie mir über die Straße« nicht lustig.

Da fällt mir ein herrliches Bonmot ein.

Acta est fabula, plaudite.

Junge Dame, ich würde Sie gerne zu einem Opernbesuch ausführen.

Meine Tattoos stammen vom Großvater eines befreundeten Maori-Kommilitonen aus meinem Auslandssemester in Neuseeland.

Was Querulanten nicht sagen würden

Wir beide rücken gleich auseinander!

17 Dinge, die Psychologen und Psychotherapeuten nicht sagen würden

Das hat bestimmt nichts mit Ihrer Kindheit zu tun.
Diese Geschichten sollten Sie lieber für sich behalten.
Jetzt reißen Sie sich doch mal zusammen.
Das nennen Sie Depression? Das ist doch lächerlich!
Keine Ahnung, warum Sie von Riesenwürsten träumen. Vielleicht haben Sie Hunger?
Freud war selber verkorkst.
Das bekommen wir mit höchstens 3 Sitzungen in den Griff.
Sie haben eben einen an der Waffel. Was soll ich da machen?
Ich habe Sie soeben geheilt.
Haben Sie Lust auf eine Partie Rorschach?
Da wird sich der da oben schon was bei gedacht haben!
Na und?
Kein Wunder, Sie sind ja schließlich Steinbock mit Aszendent Fisch!
Immer nur bla, bla, bla.
Jetzt lachen Sie doch mal wieder.
Was hatten Sie gesagt? Ich bin vor einer halben Stunde eingenickt.
Selbstmord könnte eine Lösung sein.

10 Dinge, die Punks nicht sagen würden

Ich freue mich auf morgen!
Nehmen Sie auch Kreditkarten?
Einmal waschen und legen, bitte.
Wer hat mir da was auf die Jacke geschrieben?!
Ihnen ist da was runtergefallen. Würden Sie das bitte wieder aufheben?
Erst lecker ein Glas Rotwein und dann schön eine DVD gucken.
Ich möchte nicht mehr Ratte genannt werden, bitte nennt mich Torben-Jasper.
… noch kurz meine Aktienoptionen checken …
Dürfte ich Ihnen einen Euro anbieten?
Hunde an die Leine, bitte.

4 Dinge, die kein Radfahrer sagen würde

Ich habe gedopt.
Lance Armstrong hat den Radsport unendlich weitergebracht.
Die Tour de France ist ein bestens beleumundetes Rennen.
Wer auf dem Radweg parkt, ist noch lange kein schlechter Mensch.

2 Dinge, die kein Raubtier-Dompteur sagen würde

Wer hat mir wieder Whiskas auf den Rücken geschmiert?
Nenn mich bitte nicht Mäusemännchen, während ich arbeite, o.k.?

4 Dinge, die kein Rastafari sagen würde

Ich bin ziemlich nervös, Freunde.
Welche steht mir besser: die blau-grüne oder die grün-gelb gestreifte Krawatte?
Fuck! Mir hat jemand meinen Clio zerkratzt!
Sie wären eigentlich dran gewesen laut Hausordnung.

8 Dinge, die kein Raucher sagen würde

Warum haben Sie keine Aschenbecher in diesem Flugzeug?
Ich möchte lieber drinnen sitzen.
Brust oder Keule: Ich bin ja schon gespannt, was ich bekomme.
Ich mag die Amerikaner und ihre Einstellung zu Gesundheit und Drogen.
Bah, stink ich!
Ich habe große Angst, die Leute am Nachbartisch zu stören.
Helmut Schmidt raucht?
Ach was. Das ist weder eine Erkältung noch Bronchitis, sondern mein Raucherhusten.

7 Dinge, die Rechtsradikale nicht sagen würden

Unter Hitler wären solche Legastheniker wie ich umgebracht worden.

Es gibt einfach zu viele Deutsche.

Den Felsendom und die Al-Aqsa-Moschee muss man einfach gesehen haben.

Lasst uns was singen, vielleicht Morning has broken?

Meine Kameraden unterstützen auf ganz liebenswerte Art meine homosexuelle Lebensweise.

Nächstes Jahr schicken wir unseren Thor und Janine in einen Kibbuz.

Am liebsten spiele ich am Strand Völkerball.

10 Dinge, die kein Rocker sagen würde

Ich habe mir jetzt eine fliederfarbene Vespa gekauft.

Ich bin Veganer.

Hihi, hör bitte auf, ich bin kitzelig.

Jetzt hört doch auf, euch zu streiten.

Kannst du bitte etwas langsamer fahren, mir wird so schnell schwindlig.

Ja, Alter, die hat 80 Kubik.

Also, Pupsi, Mimi und ich …

Ich zähle mich mehr zum Milieu der Sloterdijk-Leser als zu Honneth.

Erst lecker ein Glas Rotwein und dann schön eine DVD gucken.

Ob mir das der TÜV einträgt?

2 Dinge, die kein Rollstuhlfahrer sagen würde

Wenn Sie jetzt nicht bald zur Seite gehen, dann stehe ich auf und hau Ihnen eine rein.

Ich finde das toll, wie Sie das Leben so meistern ohne Rollstuhl.

6 Dinge, die Russen nicht sagen würden

Mir sind Statussymbole nicht wichtig, etwa meine Yacht oder mein Porsche Cayenne.

Ich trinke grundsätzlich keinen Alkohol.

Meine Frau liebt Crocs.

Wir haben das Bernsteinzimmer gefunden.

Ich gebe nebenbei Benimmkurse.

Mein unglaublicher Reichtum hat nichts mit Bodenschätzen zu tun.

3 Dinge, die kein Ryanair-Kunde sagen würde

Die Menüführung für eine Online-Flugbuchung bei Ryanair ist einfach, klar strukturiert und allgemein benutzerfreundlich.

Ryanair hat sehr faire AGBs.

Bei Ryanair fühlt man sich von der Buchung bis zur Gepäckabholung nach der Landung wie ein VIP.

8 Dinge, die kein Sachse sagen würde

Ich spreche auch Hochdeutsch.
Früher haben wir hier die besten Automobile gebaut.
Wir leiden darunter, dass so viele Menschen in die Region zuwandern.
Es ist nahezu unmöglich, eine bezahlbare Mietwohnung zu finden.
Von Hartz IV habe ich noch nie gehört.
Die sind alle in der SPD-Ortsgruppe.
Ein halbes Hähnchen, bitte.
Ahh-Ehh-Iii-Ohh-Uuu.

8 Dinge, die Sandkasten-Muttis nicht sagen würden

Du musst dein Schäufelchen mit Gewalt verteidigen, Lea.
Dafür brauchst du dich bei Anna-Lea nicht zu entschuldigen.
Du musst mit dem Schmerz leben. Pusten hilft da nicht.
Mein Leon trinkt gerne Cola.
Er sieht aber eher aus wie ein Mädchen. Vielleicht wird es ein Transsexueller.
Rocco-Gonzales liebt es, wenn ich ihm mit Spucke die Wange abwische.
Finn hat sich dieses Jahr eine Birkenpollenallergie gewünscht.
Toll, ist das Menthol, was Jeremy-Leon da raucht?

2 Dinge, die kein Scharfrichter sagen würde

Kopf hoch!
Pfefferminz?

8 Dinge, die kein Schiedsrichter sagen würde

Keine Ahnung, ich war gerade in Gedanken woanders.
Ich bin grundsätzlich eher für die Auswärtsmannschaft.
Oh, das ist gut, ich glaube, ich weiß nicht mehr, wo ich geparkt hatte.
Na gut. Dann diskutieren wir eben meine – vorläufige – Entscheidung jetzt alle zusammen aus.
Ich hab's nicht so gemeint!
So, Freundchen. Statt der roten Karte bekommst du jetzt eine aufs Maul von mir.
Pause. Ich kann nicht mehr!
Dürfte ich Sie schnell vor dem Anpfiff um ein Autogramm für meinen Neffen Finn bitten?

2 Dinge, die kein Schlangenhalter sagen würde

Ja, die fühlen sich genauso gruselig an, wie sie aussehen.
Die sehen nicht nur fies aus, die haben auch einen verschlagenen Charakter.

4 Dinge, die kein Schönheitschirurg sagen würde

… lassen Sie mich raten – Sie kommen wegen Ihres Rüssels?
Donnerwetter! Hier bin ich aber wirklich gefragt!
Darf ich kurz meine Kollegen hereinholen? Lacht auch keiner.
Die Kollegen in Tschechien hatten in Ihrem Fall eben einen anderen Begriff von Ästhetik.

4 Dinge, die kein Schuhverkäufer sagen würde

Ja. Mein großes Vorbild ist Al Bundy.
Kindersärge, haha, das hab ich ja noch nie gehört, haha!
So, jetzt hüpfen Sie mal ein paar hundert Meter und schauen, ob die bequem sind.
Nein, die können Sie nicht gut zu Jeans anziehen.

4 Dinge, die das Sicherheitspersonal am Flughafen nicht sagen würde

Oh Gott, meine Sympathiewerte.
Einen wunderschönen, herzlichen Guten Tag!
Na, da drücken wir mal ein Auge zu.
Hihi, was haben Sie denn da Großes in Ihrem Handgepäck?

8 Dinge, die keine Schwangere sagen würde

Ich kenne Sie zwar nicht, aber wollen Sie nicht bitte meinen Bauch anfassen?

Haben Sie ein paar Ratschläge für mich, Schwangerschaft, Geburt und Erziehung betreffend?

Wirklich? Sie haben auch schon mal ein Kind bekommen? Das ist ja hochinteressant!

Erzählen Sie doch mehr von den unerträglichen Schmerzen während der Geburt!

Wissen Sie vielleicht noch ein paar Horrorgeschichten, was in der Schwangerschaft alles passieren kann?

Ich würde Sie gerne in den Prozess der Namensfindung mit einbeziehen!

Ich stille gar nicht. Das langweilt mich.

Mein Kind kriegt keinen Namen. Das heißt einfach Kind.

4 Dinge, die keine Scientologe sagen würde

Du wirkst sehr glücklich, in deinem Leben gibt es bestimmt nicht viel zu verbessern.

Und das Beste: Alle Kurse bei uns sind kostenlos.

Tom Cruise? Der Name sagt mir nichts.

Wir hatten neulich ein sehr entspanntes Ehemaligentreffen.

13 Dinge, die Schüler nicht sagen würden

Herr Lehrer, ich finde, es wäre allerhöchste Zeit für eine benotete Leistungsstandüberprüfung.
Herr Lehrer, dann möchte ich jetzt bitte den Telefonjoker nehmen.
Für meine Referate informiere ich mich in vielen Quellen und nicht bei Wikipedia, weil ich das nicht ausreichend seriös finde.
In dieser Kantine waren die Küchenprofis wohl schon.
Ich hasse es, wenn Sie meine Tasche tragen.
Hat eigentlich jemand von euch einen Facebook-Account?
Ich lehne den Besitz eines Handys ab.
Ich finde, es ist zu kühl für hitzefrei.
Wie lange geht denn die verdammte Pause noch?
Tauscht jemand seinen Apfel gegen mein Snickers?
Mein Outfit ist komplett von Kik.
Ich habe hier noch einen Fehler gefunden. Ich kriege eigentlich eine Note schlechter.
Diese Hausaufgaben erscheinen mir sehr sinnvoll.

4 Dinge, die keine Sekretärin sagen würde

Der Geschäftsführer ist nicht im Meeting. Der hat nur keinen Bock, mit Ihnen zu sprechen.
Nennen Sie mich bitte nicht Assistentin. Ich bin hier die Sekretärin.
Ich lasse mich wegen dem doch nicht scheiden.
Könnten Sie mir einen Kaffee machen?

35 Dinge, die kein Schwabe sagen würde

Ich spreche auch Hochdeutsch.
Wir leben bei uns im Viertel in völliger Anarchie.
Ich habe eigentlich gar keine Meinung zum neuen Bahnhof in Stuttgart.
Ich lade euch ein.
Fernreisen sind nichts für mich.
Badisch oder Schwäbisch – da gibt es keinen Unterschied.
Die Kehrwoche, na ja, da lass ich auch mal fünf gerade sein.
Die Berliner mögen uns Schwaben, woischt?
Das ist …
Mehlspeisen sind das Allerletzte.
Freibier für alle!
Der KSC hätte den Titel verdient.
Bräschlingsgsälz soll was sein? Erdbeermarmelade? Verarscht du mich!?
Diminutive sind mir ein Gräusle.
Nein, den Rest brauchen Sie mir nicht einpacken.
Alles unter zehn Prozent Trinkgeld ist eine harsche Kritik.
Ich bin für den Länderfinanzausgleich.
Der Preis spielt keine Rolle.
Bitte keine Soße zu meinen Spätzle.
S'Äffle und s'Pferdle kommen aus Hannover.
Schau! Hast du gesehen? Da war ein Porsche!
Im Westen park ich immer vor der Tür.
Im Talkessel zieht's heute wieder wie Hechtsuppe.
Das Oktoberfest ist schöner als die spießige Wasn.
Ich kenne keinen Kerl mit Saxophon und Papagei.
Ist ein Trollinger ein Monster?
München ist hip.

Jetzt schlachten wir erst mal mein Sparschwein.
Hanoi? Ist die Hauptstadt Vietnams.
Welche Marionetten aus Augsburg?
Schaffe, schaffe, verjuxe …
Wir sind Arbeiter und Bauern.
In Bad Cannstatt wurde der Radweg erfunden.
Botnang? Ist die Hauptstadt Vietnams.
Die Kolchose ist irgendwas mit Bauern in Russland.

6 Dinge, die Skeptiker nicht sagen würden

Und dann verjuxen wir den Gewinn, ja?
Der Mann ist bestimmt ein guter Elektriker.
Klar kriegen wir für heute noch einen Platz im Käferzelt.
Das ist weder Aberglaube noch Pseudowissenschaft, sondern beruht eben auf außergewöhnlichen menschlichen Erfahrungen.
Ich lass dich jetzt einfach mal machen. Wenn es Probleme gibt, sagst du Bescheid.
Lassen wir unsere Sachen einfach hier am Strand liegen, hm?

34 Dinge, die kein Schweizer sagen würde

Oh ja, gib's mir, du Hengstli!
Das lasse ich mir nicht bieten, Sie Wichserli!
Das muss ich gleich meinen deutschen Freunden erzählen!
Haste mal 'nen Euro?
Gibt's das auch von Ratiopharm?
Wir freuen uns über jeden Deutschen, der bei uns arbeitet.
Das kann ich mir leider nicht leisten.
Leider ist mein ganzer Lohn für die Steuer draufgegangen.
Wir sind wirtschaftlich noch schlechter dran als Griechenland.
Unsere Gemeinde hat sich für eine neue Moschee eingesetzt.
Ich kenne einige Lokale in Zürich, in denen man extrem günstig essen kann.
Wir fahren nach Holland und genießen die Ebenen.
Zeit, die Franken gegen den Euro einzutauschen.
Was? Von welchem Bankengeheimnis sprechen Sie?
… und erkläre Ihnen hiermit den Krieg! Und Ihnen und Ihnen auch.
Punk's not dead, odr!
So gönd d'Gouchos, d'Gouchos gönd so …
Jetzt fehlt uns nur noch der UEFA-Pokal.
Wär isch denn dä Pingu?
Ich bin ein Züricher.
Das Matterhorn ist auf der Tobleronepackung? Echt?
D' Eu isch genial.
I han die tütscha Manager bi üs arg gärn.
Meine Uhr ist schon wieder kaputt.
Für mich geht nichts über einen schönen jungen Cheddar.
Wir geben das Wechselgeld sehr gerne in Euro heraus.
Selbstverständlich spreche ich alle vier Landessprachen.

Wenn doch nur ein Flaschenöffner an diesem scheiß Taschenmesser wäre …

Moin.

Die Schweiz gilt als die Schweiz Europas.

Das sind meine Vorgesetzten: Habib, Mambitu, Nikolaos, Mohammad und Olga.

Berge haben immer etwas bedrohliches.

Meine Lieblingsmarke ist Ritter Sport.

Deutschland als großer, neuer Kanton. Das wünsch ich mir.

3 Dinge, die Singles nicht sagen würden

Ich habe noch nie so tolle, gutaussehende Menschen kennengelernt, wie seit ich Single bin.

Es ist so unverschämt leicht, einen neuen Partner kennenzulernen.

Wie war ich?

4 Dinge, die kein Skilehrer sagen würde

… und unten machst du die Augen dann einfach wieder auf.

Da braucht es keinen Akia mehr, den vergraben wir am besten gleich.

Sorry, junge Frau, nette Einladung, aber ich bin mit dem Liftbetreiber verheiratet.

Und immer schön die Beine steif machen.

3 Dinge, die kein Soldat sagen würde

Ich bin ein Mörder.
Das sind meine Gefechts-Espandrilles.
Ich freu mich schon auf den nächsten Krieg!

6 Dinge, die keiner beim Sommer-Small-Talk sagen würde

Puh, ist das heiß!
Warum die Leute immer vom Auswandern reden, ist mir ein Rätsel.
Ich habe mir gestern einen Bikini gekauft.
Schatz, die Winterklamotten sind schon seit März im Keller!
Nein danke, wir brauchen gerade kein Heizöl.
Noch jemand ein Eis?

8 Dinge, die kein Sozialpädagoge sagen würde

Jetzt fällt aber gleich der Watschenbaum um.
Darüber müssen wir uns gar nicht erst unterhalten.
Ach halt doch die Schnauze.
Ihr seid alles Deppen.
Ich habe aus reiner Geldgier Sozialpädagogik studiert.
Behindi …
Selber schuld, Sie Sozialschmarotzer.
Wenn ich diese Punks schon sehe, könnte ich kotzen.

5 Dinge, die in keiner Spam-Mail stehen würden

Pech gehabt!
Probleme mit der überlangen Morgenlatte?
Wir dürfen Ihnen mitteilen, dass Sie nicht für einen Millionengewinn ausgewählt wurden.
Bitte notieren Sie sich die Geheimnummer unserer Kreditkarte.
Werden Sie schon morgen dick – garantiert.

11 Dinge, die Spanier nicht sagen würden

Ich spreche außerdem Deutsch, Englisch und Französisch.
Ich lebe an der Costa del Sol aus Liebe zur Architektur.
Ich habe ein sehr gutes Geschäft gemacht mit der Neubauwohnung, die ich mir vor drei Jahren gekauft habe.
Wir treffen uns dann um Punkt 19 Uhr zum Abendessen.
Ich bin mit 17 in eine WG gezogen.
Ich bekomme eine Steuerrückzahlung.
Fußball ist mir nicht so wichtig.
Die Paella kommt eigentlich aus Italien und heißt Risotto.
Wenn ich noch mal auf einen unpünktlichen Deutschen warten muss, drehe ich durch.
Ich verzichte heute auf meine Mittagspause.
Nur einen Salat und ein Wasser für mich. Ich schaffe heute kein komplettes Mittagsmenü mit Wein.

7 Dinge, die kein Spießer sagen würde

Ich schraube mein Druckerkabel nicht fest.
Ich würde mir nie eine CD von Phil Collins kaufen.
Ich mach diese Woche blau.
Wo kann ich hier guten Stoff kaufen?
Ich entscheide ganz spontan, wohin wir in den Urlaub fahren.
Das mach ich mit Gaffer-Tape am Auto fest.
Fuck you, Herr Polizist.

4 Dinge, die kein Stalker sagen würde

Adieu.
Ich brauch mehr Zeit für mich.
Ich bin müde und will nach Hause.
Immer muss es nach ihr gehen.

6 Dinge, die Stars nicht sagen würden

Ich möchte mich für die tolle Auszeichnung bei niemandem bedanken. Ich habe den Preis ganz allein gewonnen.
Ich bin nicht schwanger, ich bin nur dick geworden.
Ich komme gerade von meinem Schönheitschirurgen.
Ich wohne am liebsten in ibis-Hotels.
Ey, Paparazzi, magst ein kühles Bier auf deinem Baum?
Ich möchte meine Fans als genau die Idioten bezeichnen, die sie sind.

3 Dinge, die kein Taubenzüchter sagen würde

Ja, wir Rassetaubenzüchter sind bekannt für unsere liberale und globale Weltsicht.

Mit ein bisschen Rotweinsoße kann man die schon essen.

Ehrlich gesagt hat nicht eine einzige zurückgefunden. Die sind jetzt bestimmt alle in der Stadt und scheißen die Denkmäler voll.

11 Dinge, die keine Stewardess sagen würde

Darf ich Ihnen Feuer geben?

Klar dürfen Sie an Bord telefonieren.

Wollen wir schnell zusammen in der Bordtoilette verschwinden?

Machen Sie doch einfach die Notausgangstür auf, wenn Ihnen warm ist.

Hier, nehmen Sie doch gleich ein Sixpack.

Da wir uns im Landeanflug befinden, wäre es lustig, wenn wir alle gleichzeitig Richtung Cockpit rennen.

Einmal flambiertes Hühnchen, hier bitte.

Wie kommen Sie ausgerechnet auf Tomatensaft?

Saftschubse? Haha, das habe ich noch nie gehört.

Sie scheinen mir wirklich ein sehr mächtiger und einflussreicher Economy-Class-Passagier zu sein. Ich bringe Sie lieber sofort in der Businessklasse unter.

Mann über Bord!

28 Dinge, die kein Student sagen würde

Mensch, ich hätte mal wieder Appetit auf Nudeln.
Ich fühle mich sehr gut auf das Arbeitsleben vorbereitet.
Die Runde geht auf mich.
Danke, ich möchte die Mitschrift nicht. Ich möchte mir das Thema lieber selber erarbeiten.
Der Bachelor ist einfach der wertvollste Universitätsabschluss.
In Amerika und England gibt es doch gar keine so guten Unis wie hier.
Das Prüfungsamt arbeitet ungeheuer flott.
Ich sitze immer in der ersten Reihe, damit ich dem Professor besser folgen kann.
Unsere Uni hat jede Menge Parkplätze.
Die Pommes in der Mensa sind fettig und fast roh, so wie ich sie am liebsten esse.
Während der Vorlesung schalte ich immer mein Handy aus.
Ich kann ganz beruhigt schlafen. Ich habe genug gelernt.
Ich habe dieses Semester noch gar nicht gestreikt.
Dann nehme ich noch bitte den guten Wein für 18 Euro.
Wie, du hast die Sekundärliteratur nicht gelesen …?
Im nächsten Semester fange ich später mit dem Lernen an.
Ich habe sofort eine billige Wohnung gefunden.
Auf den Uni-Partys ist immer so ein schlimmer Frauenüberschuss.
Darf ich auch mehr als die geforderte Seitenzahl abgeben?
Das Modell ist so unglaublich realitätsnah.
Ich habe viel zu früh mit meiner Magisterarbeit angefangen.
Ich unterstütze Studiengebühren, weil es der Qualität der Lehre zugutekommt.

Natürlich möchte ich gerne ein unbezahltes Praktikum machen.
Wenn ich mein Philosophie-Abschluss habe, dann will ich Taxifahrer werden.
Ich suche mir immer frühmorgens Vorlesungen, weil ich da noch fit bin.
Meine Eltern sind finanziell von mir abhängig.
Ich such mir jetzt mal ein Reihenhäuschen, gern ein bisschen außerhalb vom Zentrum.
Ich fahr mit dem Taxi nach Hause.

Was eine Tantramassagen-Praxisbesitzerin nicht sagen würde

Ich betreibe ein Puff mit Räucherstäbchen-Aromen.

5 Dinge, die kein Superheld sagen würde

Wir sehen uns vor Gericht!
Ich weine überhaupt nicht.
Können Sie den reinigen? Der Stoff wirkt belastbar, ist aber gegen Flecken sehr empfindlich.
Fragt der mich so, ob ich immer im Schlafanzug unterwegs bin. Ich hau ihm gleich eine rein.
Nein-nein-nein. Ich trau mich wirklich nicht.

15 Dinge, die kein Südamerikaner sagen würde

Ich hab mir schon wieder den Kopf oben am Türrahmen gestoßen.

Tanzen ist total langweilig.

Ich interessiere mich nicht für Fußball.

Was soll denn das für ein weißes Pulver sein?

Sex ist nebensächlich.

Jetzt sagt halt mal was.

Keine Alkoholmixgetränke für mich.

Auch diesen Sommer reichen die Röcke wieder weit unter das Knie.

Hier gibt es so gut wie keine Kriminalität.

Als Macho hast du hier ganz schlechte Karten.

Wir unterstützen europäische Touristen gerne auch finanziell.

Die landestypische fettarme Küche und das allgemeine Ernährungsbewusstsein ist für unsere schlanken Figuren verantwortlich.

Mein Heimatland war schon immer basisdemokratisch regiert.

Dieses affige Gehüpfe und Getanze nach einem Tor nervt.

Ich kann eine Verkleidung an Karneval als nackte Frau mit ein paar Federn um den Hintern nicht gutheißen.

5 Dinge, die ein Supermarktkunde nicht sagen würde

Können Sie mich bitte öfters fragen, ob ich Treuepunkte sammle?
Schon wieder ist meine Schlange an der Kasse die schnellste gewesen.
Ich kann bei Aldi immer ganz gemütlich meine Waren in den Wagen einräumen.
Dieser Einkaufswagen verfügt über eine vorbildliche Spureinstellung.
Die Einkaufswagen werden immer winziger.

5 Dinge, die kein Taxifahrer sagen würde

Wenn Sie erbrechen müssen, kein Problem, ich mach das gerne weg.
Ich freue mich sehr, dass ich als Transportdienstleister für Sie tätig werden darf. Wohin darf ich Sie denn fahren?
Sie sind betrunken, das ist ja ulkig!
Her mit dem Hunderter, ich bin mit Wechselgeld gut ausgestattet.
Ich habe kein abgeschlossenes Studium einer Geisteswissenschaft.

14 Dinge, die Teenager-Jungs nicht sagen würden

Ich hätte gerne ganz andere Klamotten als die anderen Leute in meiner Clique.
Hey, du da drüben, warum schaust du denn so nett?
Ich möchte mal garantiert nichts mit Medien machen.
Ich finde mein Taschengeld ein wenig zu großzügig.
Wir haben eine rein rhetorische Beziehung.
Ich Opfer.
All meine Freunde müssen viel früher nach Hause als ich.
Ich muss die Fifa-Partie nicht mehr zu Ende spielen, ich kann dir gleich beim Tischdecken helfen.
Ich hab die Sorge, dass mein Penis zu groß ist. Und zu gerade.
Ich hab mich schon wochenlang nicht mehr selbst befriedigt.
Die Mädchen mögen mich. Da bin ich sicher.
Die älteren Menschen wissen über sehr viele Sachen einfach besser Bescheid.
Ich kann mich nicht erinnern, wann ich das letzte Mal an Brüste denken musste oder welche in meinem Freundeskreis thematisierte.
Könntest du meiner Freundin mehr darüber erzählen, wie ich so als Säugling war?

16 Dinge, die Teenager-Mädchen nicht sagen würden

Mein Rock ist zu kurz.
Ich kann nicht verstehen, warum immer alle so hysterisch sind.
Ich bin so froh, dass ich kein Tattoo habe.
Vielleicht sollte ich mich tatsächlich eines Tages schminken.
Justin Bieber finde ich so unsexy.
Mama, Papa, ihr seid so lässig.
Ich könnte mir nie vorstellen, mit einem Superstar befreundet zu sein.
Die Meinung meiner besten Freundin ist mir so was von egal.
Ich habe schon tagelang keine SMS mehr versendet.
Meine Brüste sind über jeden Zweifel erhaben.
Ich glaube, ich habe heute noch keine zehn Wörter gesprochen.
Ich finde die Jungs aus der Hochbegabtenklasse so geil.
Ein eigenes Pferd möchte ich nicht geschenkt haben.
Auf Facebook verzichte ich aus Datenschutzerwägungen.
Mir gefällt der Pullover, den mir Onkel Erwin geschenkt hat, total gut, ich würde ihn gerne morgen in die Schule anziehen.
Papa, kann ich mit dir mal kurz über das Thema Oralsex sprechen?

5 Dinge, die kein Tontechniker sagen würde

Klar können Sie mir Ihre Jacke geben.
Nein, ich kenne mich mit den vielen bunten Knöpfen auch nicht aus.
Wirklich? Sie haben auch schon mal gemischt? Wo und für wen denn?
Nehmen Sie halt die ganze Rolle Gaffa-Tape.
Diese Halle ist super einfach zu beschallen und hat eine dufte Akustik.

10 Dinge, die kein Internetnutzer sagen würde

Mein Internetzugang ist mir zu schnell.
Wie cool. Buffering.
Ich kann mich immer über lustige Klingeltöne freuen.
Ich vermisse das Faxen.
Internet Explorer ist einfach der beste Browser.
Ich konnte ihn nur bei Google+ entdecken.
Was wohl passiert, wenn ich bei meinem Mailprogramm auf empfangen klicke?
Es würde mich sehr freuen, wenn Sie meine Telefonnummer weitergeben könnten für weitere Telefonmarketingaktionen.
Ich bin so unglaublich zufrieden mit dem Service von O2.
Immerhin liest die NSA meinen Blog.

7 Dinge, die kein Tierschützer sagen würde

Ich habe mich hier anketten lassen, weil ich einen Masochismus-Fetisch habe.
Oh, wie wunderbar weich! So einen wünsche ich mir auch zu Weihnachten – aber nicht als Jacke, sondern als Mantel!
Du musst ihm sofort zeigen, wer der Boss ist. Die sind nicht sooo empfindlich an der Nase, wie es immer heißt.
Schnell, mach sie weg, mach sie weg, mach sie weg! Mir scheißegal! MACH SIE WEG!
Am liebsten arbeite ich mit Menschen.
Mein Traum? Hm … vielleicht eine eigene Chinchillafarm in Rumänien.
Bei gutem Wetter in den Zoo, bei schlechtem in den Zirkus!

4 Dinge, die kein Trauerredner sagen würde

Wir sind alle froh, dass er von uns gegangen ist.
Da, wo sie jetzt ist, geht es ihr vielleicht noch schlechter.
Auch die Zeit wird diese Wunde nicht heilen.
Hier riecht's so streng. Hat jemand gefurzt?

9 Dinge, die Türken nicht sagen würden

Wir schließen unseren Laden immer schon recht früh.
Grüß Gott.
Wir sollten mal überlegen, ob unser Teppichgeschäft auch mal einen Schlussverkauf machen könnte.
Den Handel mit Gebrauchtwagen sollten wir anderen überlassen.
Ich fahre den mintgrünen Renault Twingo meines Vaters.
Ich könnte eine Verabredung mit dir und meiner kleinen Schwester arrangieren.
Bei deutschen Mädchen muss man leider wahnsinnig den Macho raushängen lassen, um anzukommen.
Ich würde niemals meine Augenbrauen zupfen.
Ich spreche oft und lange mit meinem Vater und meinen Onkels über die unter Türken offen gelebte Homo- und Bisexualität.

44 Dinge, die Touristen nicht sagen würden

Ich habe das sichere Gefühl, dass ich das Bügeleisen ausgesteckt habe.

Ich habe mir in Ägypten eine Verstopfung geholt.

Ich trinke Tomatensaft immer nur zu Hause.

Also der Kaffee auf dem Markusplatz in Venedig war wirklich sehr günstig.

Unglaublich, wie günstig einen die Gondoliere durch die Kanäle von Venedig bringen.

Schweizer Grenzbeamte sind einfach charmant und liebenswert.

Das Hotel war gut. Aber der Wasserdruck in der Dusche war mir zu stark.

Man sieht so selten einen Engländer mit Sonnenbrand.

Die Altstadt von Siena ist wirklich gammlig.

Ich hätte mir gewünscht, die italienischen Männer hätten etwas mehr mit mir geflirtet.

Ich ertrage diese Hitze in Irland nicht mehr.

New York ist wirklich genauso wie der Rest von Amerika.

Ich hab mich schon an der Passkontrolle sehr willkommen gefühlt in den Vereinigten Staaten.

Wir kommen immer zum Oktoberfest nach München, weil wir uns für magere Hähnchengerichte interessieren.

Ich mag die bescheidene Art der Amerikaner.

Das Hinterland von Mallorca ist eine Zumutung.

Mir wurde in Barcelona Geld von einem Unbekannten zugesteckt.

Die Thaiküche ist mir zu spärlich gewürzt.

All die netten Holländer in ihren lustigen Wohnmobilen.

Ich liebe die unendlichen Weiten Luxemburgs.

Der Cappuccino am Münchner Flughafen ist gut und günstig.

Das Sicherheitspersonal am Flughafen ist freundlich, hilfsbereit und gut gelaunt, weil es zu Recht gut bezahlt wird.

An den USA gefällt mir die schier unendliche Weisheit der Bevölkerung.

Ich bin regelmäßig in Thailand wegen der vielen günstigen Prostituierten.

Toll, dass ich mit der Vignette theoretisch das ganze Jahr in der Schweiz herumfahren darf.

Ach wie schön, dass auch ein paar Schwaben da sind.

Das Wasser wird arschkalt, wenn du erst mal drin bist.

Darf man denn einen Liegestuhl reservieren?

Schau mal, da vorne ist ein Junggesellenabschied. Wie lustig. Wollen wir mal fragen, ob wir ihnen etwas vom Bauchladen abkaufen können?

Du siehst toll aus mit dem Selbstbräuner im Gesicht.

Warme Sommernächte nerven total.

Ich bin gerne mal nüchtern, wenn alle meine Freunde angesäuselt sind.

Es beruhigt mich sehr, wenn ich neben einem bärtigen Muslim fliege.

Ich würde gerne mal nach Duisburg reisen.

Ich hätte mein Ei lieber hart gekocht.

Wow, mir gefallen deine Crocs.

Mama, dürfen wir Boomer hier aussetzen?

Wir sollten das Leitungswasser in unsere Flaschen füllen.

Am liebsten verrichte ich mein Geschäft auf Bahnhofstoiletten.

Kleine Mücken sind schon niedlich.

Schau, da darf man nur oben ohne in die Kirche.

Ob ich diese Rolex für meine Blüten eintauschen kann?

Ich geh jetzt lieber mal aus dem Pool, weil ich dringend auf die Toilette muss.
Lehnen Sie sich ruhig zurück, ich kann Beinfreiheit nicht leiden.

3 Dinge, die kein Touristenführer sagen würde

Wenn Sie die Augen nun nach oben richten und mir weiter folgen, können Sie, ebenso wie der Kurfürst einst, die Wendeltreppen hinunterfallen.
Der sogenannte Blaue Salon diente dem weltberühmten Autoren nicht nur zum Austausch von hochphilosophischen Gedanken mit zeitgenössischen Schriftstellern, Grünlich betrank sich hier für gewöhnlich bis zum Umfallen.
Hier sehen Sie meine Brotzeitbox.

6 Dinge, die kein Trapezkünstler sagen würde

Ich bin verbeamtet.
Beruflich ist mir immer noch der Schlabberlook am liebsten.
Wir nehmen es bei der Arbeit auch mit der Pünktlichkeit nicht sooo genau.
Meinen Geschäftspartnern macht mein Heuschnupfen oft mehr zu schaffen als mir selbst.
Bei meiner letzten Partnerin hab ich ziemlich daneben gelangt.
Lass uns mal wieder zusammen abstürzen so wie früher.

5 Dinge, die kein türkischer Vater sagen würde

Schlaf doch erst mal mit ihm, dann merkst du doch, ob ihr zusammenpasst.
Dein Make-up ist ein bisschen dünn ausgefallen.
Der Typ würde sogar mir gut gefallen.
Hier, Sohnemann, die Schlüssel von meinem Micra.
Ich spiel 'nen Farbwenz.

5 Dinge, die kein Unternehmensberater sagen würde

Ja, bei Ihnen im Betrieb passt alles schon. Ich geh wieder. Tschüss.
Wenn ich noch einmal nachhaltig sage, dürfen Sie mir aufs Ohr hauen.
Ihnen fehlt es an altgedientem Personal.
Wir konzipieren unsere hochperformanten Technologien, um den Wissenstransfer der outsourcing-orientierten Herausforderungen zu globalisieren – was auch immer das bedeuten mag.
Wir setzen auf unsere interdisziplinären Vorstellungen von Total Quality, um die Marktdurchdringung der projektiven Win-Win-Situationen zu maximieren. Dieser Satz kostet leider 1000 Euro.

5 Dinge, die kein Türsteher sagen würde

Sorry – ohne ein paar Jungs kommt ihr hier nicht rein, Mädels. Und zieht euch bitte was Ordentliches an.
Heute nur mit Turnschuhen.
Schuhe aus.
Mama, lass mich sofort rein.
Ja, ja, ich lass dich und deine betrunkenen Kumpels rein, aber haut mich bitte nicht!

10 Dinge, die kein Vater sagen würde

Ich möchte lieber keinen Witz erzählen.
Ich freue mich schon darauf, wenn meine Tochter ihren ersten Freund nach Hause bringt.
Es ist erstaunlich, mit wie wenig Geld so eine Familie im Monat auskommt.
Hat einer von euch meine Death-Metal-CDs genommen?
Solange du deine Füße unter meinen Tisch streckst, darfst du auch selber entscheiden.
Ich möchte, dass du meine Tochter so behandelst, wie es das durchtriebene Luder verdient hat.
Ich habe früher in deinem Alter auch sehr viel gekifft und nie die Hausaufgaben gemacht.
Werde doch Künstler oder Tänzer, dafür musst du nicht so eine langwierige Ausbildung machen.
Na gut. Dann fühlen wir uns eben beide zu Männern hingezogen, Sohnemann.
Erst das Salz, dann den Tequila und erst am Schluss die Zitrone, Kinder!

2 Dinge, die kein Vielflieger sagen würde

Gott, hat die Stewardess mich rund gemacht.
Seien Sie bitte kurz still, ich möchte die Sicherheitsunterweisungen mitbekommen.

5 Dinge, die kein Veganer sagen würde

Salat und Rohkost sind weder langweilig noch fad. Man muss sie halt mit gebratener Putenbrust aufmöbeln.
Wir Frutarierinnen können einfach auch über uns lachen. Ist doch letztlich Wurst, was man isst, oder?
Ich möchte meine gebratene Aubergine bitte englisch.
Am liebsten esse ich den Salat von McDonald's.
So ein Schwein ist doch froh, wenn es nicht mehr im Stall rumhängen muss, sondern als Steak dem Menschen dienen darf.
Bei schönen Schuhen nehme ich es nicht so ernst mit toten Tieren.

8 Dinge, die kein Vermieter sagen würde

Der Kinderwagen steht da ganz ausgezeichnet.
Ihre Satellitenschüssel gibt dem Haus eine moderne Note.
Sie haben recht, das ist keine Schönheitsreparatur.
Das sind ganz normale Abnutzungserscheinungen.
Dann zahlen Sie eben nächsten Monat.
Diese Nebenkosten müssen Sie nicht übernehmen.
Wie ein paar Hunde gleich Leben ins Haus bringen.
Die Inflation ist ja nicht so hoch zurzeit, da können wir die Mieten stabil halten.

4 Dinge, die kein Verschwörungstheoretiker sagen würde

Ich bin Verschwörungstheoretiker.

Wenn ich Pharmaindustrie höre, denke ich an die hübschen Ratiopharm-Zwillinge.

Globuli sind eine Erfindung der Pharmaindustrie.

Die USA stürzt Diktaturen aus selbstlosem Anlass.

8 Dinge, die kein Versicherungsvertreter sagen würde

Das lohnt sich steuerlich alles nicht mehr.

Im Schadensfall werden wir uns vermutlich ziemlich stur stellen.

Da müssen Sie sich nicht schnell entscheiden, da haben wir alle Zeit der Welt.

Ich rufe Sie so lange jeden Abend an, bis Sie die Nerven verlieren.

Das sind zwar nur drei Euro am Tag, aber hochgerechnet auf zehn Jahr sind das über 10 000 Euro.

Niemand hat jemals die Geschäftsbedingungen komplett durchgelesen.

Sehen Sie, ich will doch auch nur an Ihr Geld.

Über Ihren Riesterrenten-Abschluss lachen meine Kollegen heute noch.

Was kein Weihnachtsmann sagen würde

Glaubst du, deine Eltern gibt es wirklich?

6 Dinge, die kein Weinkenner sagen würde

Hauptsache, er knallt in der Rübe.
Zur Mitte zur Titte zum Sack, zack-zack.
Drück den Korken einfach rein, trink und gib die Flasche weiter.
Der Rote passt auch vorzüglich zu Karpfen.
Wart, ich hol schnell Eiswürfel!
Von den Franzosen kann man halten, was man will, aber von Rotwein haben sie keine Ahnung.

11 Dinge, die kein Werber sagen würde

17.30 Uhr. Feierabend.
Ich möchte lieber keinen Gin Tonic.
Wir vertrauen im Unternehmen komplett auf Microsoft.
Hauptsache, mein Telefon kann telefonieren.
Ich trage einfach gerne bunte Hemden.
Schatz, weißt du, wo unsere Cerealien sind, ich meine die, die auf der Milch schwimmen?
Ich kann so arbeiten.
Meine Brille ist eine reine Sehhilfe und keine Antiquität.
Eigentlich bin ich gelernter Maurer.
Nachhaltigkeit ist kein gutes Argument.
Wir sollten für die neue Kampagne das Gleiche machen wie immer, oder?

6 Dinge, die kein Werbeagenturkunde sagen würde

Machen Sie bitte mein Firmenlogo ein bisschen kleiner.
Ja, die Entwürfe passen auf Anhieb, toll.
Herrje, wie viel kostet der Flyer? Und was machen wir jetzt mit dem ganzen übrigen Budget?
Hätten Sie vielleicht eine ganz gewöhnliche Sache? So etwas wie Kugelschreiber mit meinem Namen drauf?
Nein, ob meine Tochter in Ihrer Agentur ein Praktikum absolvieren darf, hat keinerlei Einfluss auf die Vergabe des Werbe-Etats für nächstes Jahr.
Nachhaltigkeit, Innovation und Kundenorientierung – können wir von uns eigentlich nicht behaupten.

2 Dinge, die kein Wirt sagen würde

Ich verdiene wirklich kaum etwas bei einer Apfelschorle für 3,50 Euro.
Ich hab die Speisekarte vorab von Bastian Sick Korrektur lesen lassen.

3 Dinge, die kein Wrestler sagen würde

Aua, du hast mich getroffen.
Hör bitte auf, ich bin kitzelig.
Ist das ein Badeanzug?

6 Dinge, die kein Yuppie sagen würde

Haste mal ’nen Euro?
Ich habe Hunger.
Ich habe mir einen gebrauchten Hyundai gekauft.
Ich fliege gerne Economy.
Dieses Jahr gehen wir in Ostdeutschland auf Wandertour.
Meine Kinder kommen auf die öffentliche Schule und basta.

6 Dinge, die kein Zahnarzt sagen würde

Da müssen Sie gar nichts dazubezahlen.
Ihre Zähne sind absolut makellos.
Amalgam ist ein sehr gutes und haltbares Material.
Sie sollten direkt nach der Behandlung etwas Knuspriges essen.
So, wir sehen uns dann erst so in zwei, drei Jahren wieder.
Da habe ich das letzte Mal aber ordentlich gepfuscht.

4 Dinge, die kein Zeuge Jehovas sagen würde

Wir sollten erst mal so richtig Spaß haben.
Hast du Lust auf eine schnelle Nummer?
Je-ho-va, Je-ho-va. Siehst du, passiert nix!
Als Zeuge Jehovas findest du überall eine passende Frau.

4 Dinge, die kein Zombie sagen würde

Ah- gagg. Ah-ahhh-röchel.[1]
Gnagna. Gnahaaaaa.[2]
Oha. Ahhhh. Ohaaa. Ahhhh.[3]
Faaaaah! Faaaaahhh-fah-rrraaaaah![4]

1 Die adipöse Tante verträgt mein Magen nur mit einem großen Stück Brot dazu.

2 Du hast die Haare schön – warst du beim Friseur?

3 Oha. Ahhhhh. Ohaaa. Ahhhh.

4 Junge, wie du wieder herumläufst! Dir hängt ja das Hemd aus der Hose!

Diverse Dinge

die sonst auch

keiner sagen würde

51 Dinge, die keiner beim Small Talk sagen würde

Standardtänzer wirken so natürlich.

Ich liebe es, wenn ich nachts im Winter dringend aufstehen muss, um pinkeln zu gehen.

Adele hat eine grässliche Stimme.

Ich hasse Menschen, die ihre Sätze einfach nicht zu Ende.

Curling ist meine Lieblingssportart.

Ich mag die Überraschung, wenn ich mit shampoonierten Haaren unter der Dusche stehe und plötzlich kommt kein Wasser mehr.

Die Investition in den Frozen-Joghurt-Laden war wirklich sehr nachhaltig.

Ich würde mir wünschen, ich wäre übergewichtig.

Ich bin immer froh, wenn sich mein Kopfhörerkabel in der Tasche verknotet hat.

Ich wünsche mir Socken zu Weihnachten.

Nutella schmeckt ekelhaft.

Ich habe mir nach der Wende in den neuen Bundesländern Immobilien gekauft und muss deswegen nie mehr was arbeiten.

Seit ich vegan lebe, gehe ich gerne mal für einen Salat zu McDonald's.

Nein, ich möchte die Anzeige nicht skippen.

Morgens sieht meine Frisur immer so stylish aus.

Gurken haben auch Gefühle.

Ich finde Schluckauf irgendwie so sexy.

Die Ruhe bei einem Fußballspiel gibt mir Gelegenheit, über meine charakterlichen Defizite zu reflektieren.

Das Benzin wird auch immer günstiger.

Sie haben kein Coca-Cola, dann freue ich mich riesig auf die Pepsi.
Das Wochenende fühlt sich für mich immer so lange an.
Chiara Cheyenne, ich überreiche Ihnen hiermit Ihre Approbationsurkunde.
Leo-Maximilian, hol mal ein Bier für den Meister.
Ich freue mich schon so auf meinen Zahnarzttermin morgen.
Das IKEA-Sofa habe ich noch nie gesehen.
Orgasmen langweilen mich allmählich.
Modeerscheinungen.
Tattoos am Steiß sind jetzt auch in Soho und Paris so was von angesagt.
Herzlichen Dank für den kultivierten Abend, Herr Baron von Grevenbroich, und wenn ich mir das erlauben darf, Ihr Ed-Hardy-Pullunder ist eine Zierde.
Die Rocklieder von Heino sind wirklich viel besser als die Originale.
Mir gefallen Männer mit langen Fingernägeln.
Die könnten in den Abercrombie & Fitch-Läden ruhig mal einen Luftbedufter verwenden.
Ich kaufe immer so verdammt billige Druckertinte.
Ich verstehe meine Steuererklärung.
Ich habe Millionen mit meinen Telekom-Aktien verdient.
Ich habe meine Entscheidung, mit Crack anzufangen, nie bereut.
Ich mag es, wenn ich darauf warten darf, bis jemand auf meine SMS antwortet.
Bitte rauch doch die Zigarette noch ein bisschen näher an mir.
Ich frage mich, ob Chiara Ohoven schon mal bei einem plastischen Chirurgen war.
Frauen sind so leicht zu durchschauen.

Ich würde mir so wünschen, dass mein Vater mein Facebook-Freund wird.
Ich pinkle gerne mit meiner Morgenlatte.
Warum ist Justin Biebers Stimme nur so variantenreich?
Ich habe leider keine Karten mehr für das Lena-Konzert bekommen.
Die modischsten Klamotten finde ich immer bei Aldi und Kik.
Die Jugend war noch nie so nett wie heute.
Ich wäre so gerne bei den Zeugen Jehovas.
Ich trinke Bier am liebsten lauwarm.
Ich habe mir die Nutzungsbedingungen komplett durchgelesen.
Du hast leider eine zu große Oberweite.
Ich bin so froh, dass ich in der Schule so viel über Sinus und Kosinus gelernt habe. Das braucht man im Leben sehr oft.

4 Dinge, die keiner zu jungen Eltern sagen würde

Ihr macht das schon richtig!
Ich wüsste es auch nicht besser!
…, aber ich könnte auch falschliegen.
Hier, ein Geschenk! Es ist kein Paar Mini-Söckchen, aus denen er in drei Tagen rausgewachsen ist, sondern wahnsinnig praktisch!

3 Dinge, die keiner über den Tod sagen würde

Der Tod ist ein Auszubildender aus Österreich.
Der Tod kam schlendernd.
Der Tod ist weder gut noch böse. Der Tod ist Legastheniker.

4 Dinge, die keiner über Sitting Bull sagen würde

Babysitting Bull
Red Bull
Prosit'ing Bull
Sitten-Bulle

6 vergoldete Accessoires, die sich kein Gansta-Rapper an die Halskette hängen würde

Spangendose
Schnapsglas
Hausschlüssel
Lesebrille
Hupe
Käsefischli

4 Dinge, die keiner als Gutschein verschenken würde

Gutschein für einen Gutschein
Gutschein für einmal Müll hochtragen
Gutschein für das Wechseln eines Geldscheins in Münzen (gültig in allen Geschäften und Läden)
Gutschein für einmal Umblättern

9 Dinge, die keiner als Werbeslogan verwenden würde

Der Duft, der Hunde provoziert
Bild – aktiviert Abwehrkräfte
Gilette – guten Freunden gibt man ein Küsschen
Separates the man from the ladies.
Bitte kein Bit.
Kaum zu glauben. Markenschuhe so hässlich.
3 … 2 … 1 … seins
Keiner schmeckt mieser wie dieser.
Dahinter steckt immer ein Holzkopf.

6 Dinge, die kein Drehbuchautor schreiben würde

Schau mir in die Ohren, Kleines.
Ich bin mit der Gesamtsituation zufrieden.
Möge die Magd mit dir sein.
Will nach Hause faxen.
Wir haben ein Problem – Husten.
Luke – ich bin deine Mutter.

15 Sprichwörter, die keiner verwenden würde

Jemanden hinters Ohr führen.
Auch ein blindes Huhn legt mal ein Ei.
Da sollten wir ein Exemplar stationieren.
Der Affe fällt nicht weit vom Stamm.
Ich habe Lunte geleckt.
Er ist eine Konifere auf diesem Gebiet.
Trauben nach Athen tragen.
Das ist eine richtige Syphilisarbeit.
So kommen wir auf keinen grünen Nenner.
Wo kein Henker, da kein Richter.
Jemand einen Apfel für ein Ei vormachen.
Sich wie ein Elefant im Heuhaufen verhalten.
Ich habe schon Apotheker vor dem Pferd kotzen gesehen.
Über seinen eigenen Schweinehund springen.
Die Sau gerade sein lassen.

7 Dinge, die keiner auf dem Totenbett sagen würde

Wirf bitte mal das Messer rüber.
Guuuuter Hund, braaaaver Hund.
So, und jetzt lege ich noch etwas Volksmusik auf.
Hier im U-Boot sollte man wieder durchgelüftet werden.
Ich hab die Sicherung rausgenommen.
Acht Schuss. Jetzt hat er keine Munition mehr.
Nur über meine Leiche.

37 Wörter, die fast keiner mehr benutzt

Dünken
Dreschflegel
Hanebüchen
Bangemachen
Bauchpinseln
Blutbase
Budenzauber
Fensterln
Fersengeld
Gassenhauer
Habenichts
Heiapopeia
Hofschranze
Honigkuchenpferd
Hosenboden
Hupfdohle
Kinkerlitzchen
Kokolores
Kommod
Kredenzen
Krösus
Luftikus
Moribund
Muckefuck
Nackedei
Nassauern
Oheim
Panoptikum
Pipifax

Pfundig
Possenreißer
Schalk
Schindluder
Schwippschwager
Strauchdieb
Tunichtgut
Zankapfel

8 Filmtitel, die keiner verwenden würde

Der Herd der Inge
Das Wunder von Bernd
Vegetarierinnen zur Fleischeslust gezwungen
Spiel mir das Lied vom Brot
Es war einmal in Bielefeld
Torben-Jasper – der Profi
Schiffbruch mit Tina
Lars Wars

15 Vornamen, auf die keiner mehr sein Kind taufen würde

Deinhard
Erlfried
Frankobert
Giselmund
Helmwart
Japser
Klodewig
Poppäus
Rasso
Schwerthelm
Scheißhelm
Stasi
Theophil
Wunibald
Zuck

7 Dinge, die keiner beim Flirten sagen würde

Ich bin vom ADAC und würde dich heute Abend gerne abschleppen.
Und ich dachte, Engel haben Flügel.
Fick mich, wenn ich mich täusche, dein Name ist doch Isolde.
Ruf mich an, ich stehe im Telefonbuch unter H wie Hengst.
Du siehst so sexy aus, wenn du niest.
Man kann eigentlich nicht zu dick sein für bauchfreie T-Shirts.
Ich sehe so gut aus auf meinem Führerscheinbild.

11 Dinge, die allgemein keiner sagen würde

Die Nacht ist schon alt.
Ich yahoo das mal.
Ganz kleines Kino.
Da müssen wir das Rad neu erfinden.
Wer lesen kann, ist klar im Nachteil.
Junger Schwede!
Das ist das Gleiche in Blau.
Da wird der Hund in der Pfanne vernünftig.
Dann weht aber der gleiche Wind!
Da habe ich ein flaues Gefühl im Mund.
Jetzt mach dir mal keinen Kehlkopf.

3 Dinge, die keiner als Kompliment verwenden würde

Das Ed-Hardy-Shirt steht dir gut.
Du hast einen sehr schönen Busen. Für einen Mann.
Deine Freunde haben dich viel dümmer beschrieben.

6 Dinge, die kein militärischer Befehlshaber sagen würde

Ab-schminken!
Augen links um!
Liii-nks um. Äh, rechts!
Präsentiert daaas Geschenk.
Das ist lieb von euch!
Jump! Jump! Get up and down and Jump!

9 Dinge, die kein Bäcker über seinen Laden schreiben würde

Versemmelt
Brotlos
Ausgelaugt
Aufgebrezelt
Mohni's
Backpfeife
Torte-Lini
Backs Bunny
Maul, Tasche!

Cord Balthasar, Thorsten Wiese

Warum Kugelschreiber tödlicher sind als Blitze

Verblüffende Statistiken über die Gefahren und Risiken unseres Lebens

192 Seiten
Preis: 14,99 € (D), 15,50 € (A)
ISBN 978-3-86883-420-8

Eigentlich ist es ein Wunder, dass es uns überhaupt gibt. Die Chance, dass es beim Sex zur Schwangerschaft kommt, ist so gering, dass es sich eigentlich nicht lohnt, darüber zu sprechen. Werden wir tatsächlich geboren, dreht sich das Karussell der Gefahren munter weiter.
Cord Balthasar und Thorsten Wiese haben sich durch Berge von Statistiken gearbeitet, um unser Leben in Zahlen und Tabellen auszuwerten und zu analysieren, welche alltäglichen Dinge potenzielle Risiken bergen. Das Fazit sollte man mit Humor nehmen, denn Überleben ist eher unwahrscheinlich.

riva